Balkon- und

Kübelpflanzen

ANTHONY ATHA

Balkon- und Kübelpflanzen

Entwurf und Realisation: The Bridgewater Book Company Ltd.

Parragon
Queen Street House
4 Queen Street
Bath BA1 1HE, UK

Übersetzung aus dem Englischen: Wiebke Krabbe
Satz: Kontur Medienteam, Köln
Redaktion: Dr. Detlef Wilske, Köln
Koordination: trans texas Publishing Services GmbH, Köln

ISBN 1-40543-537-2

Printed in China

Inhalt

Einleitung

Pflanzen in dekorativen Töpfen und Kübeln zu ziehen ist in den vergangenen Jahren immer populärer geworden, insbesondere bei Gärtnern, die einen kleinen Garten ihr Eigen nennen. Ideal sind Kübel, um Wände, Fenster und Terrassen mit Pflanzen zu schmücken, die farbenfrohe Blüten und Blätter haben. Darüber hinaus kann man mit ihnen Eingänge zu Stadthäusern und die Seiten einer Bauernhaustür praktisch bepflanzen. Ein schöner Blickfang sind beispielsweise zwei schön beschnittene Lorbeerhalbstämme in Versailles-Kübeln, die beiderseits einer Tür vor weißen Wänden stehen. Der Lorbeer ist immergrün, und durch seine glänzenden mittel- bis dunkelgrünen Blätter ist er das ganze Jahr hindurch eine stattliche Erscheinung. Außerdem kann man die Blätter getrocknet zum Kochen verwenden.

Dieses reich illustrierte Buch gibt angehenden wie Profigärtnern anregende und praktische Hinweise dafür, wie Pflanzen in Kübeln Terrassen, Hochbeete und Dachgärten verschönern, und wie sie im ganzen Garten z. B. an Wegrändern und Treppen oder als Blickfang verwendet werden können. Die Auswahl an Töpfen und Kübeln ist riesig, und einige, wie etwa Blumenkästen, können je nach Saison zwei- bis dreimal pro Jahr unterschiedlich bepflanzt werden, während kleine Bäume und Sträucher permanent im gleichen großen Topf stehen sollten. Traditionelle Tontöpfe können für Saisonpflanzen, von Schwertlilien, die auf dem Boden stehen, bis hin zu kleinen Pflanzen, die in Blumenampeln an Mauern oder Zäunen hängen, genutzt werden. Obst, Gemüse und Kräuter können in Töpfen gezogen werden, aber als Obstbäume sollten unbedingt Zwergstämme ausgewählt werden, während für Gemüse und Kräuter ausreichend große Töpfe und Kübel verwendet werden sollten. So können Tomaten sowohl in großen Kübeln als auch in Pflanzbeuteln auf warmen, sonnigen Terrassen gezogen werden, während Kartoffeln in Kübeln viel Erde benötigen. Alternativ können Kartoffeln auch in einem Stapel von drei oder vier kleinen zusammengebundenen Autoreifen stehen, die man für ein gefälligeres Aussehen weiß anstreichen kann.

Saisonarrangements schaffen

In diesem praktischen Buch wird ausführlich beschrieben, wie Sie saisonale Pflanzenzusammenstellungen schaffen können, und es gibt viele Hinweise zur Auswahl von zuverlässigen Pflanzen für Frühling, Sommer, Herbst und Winter. Zwiebelpflanzen werden hauptsächlich für Frühlingsbeete verwendet, während empfindliche Einjährige vor allem für farbenfrohe Blumenampeln oder Blumenkästen verwendet werden. Herbst- und Winterarrangements können reich an bunten Blättern an kleinen, immergrünen Sträuchern und Minikoniferen sowie an Beerensträuchern sein. Efeu schafft mit kleinen panaschierten Blättern und Kletterstämmen in Herbst und Winter eine einheitliche, beruhigende Ansicht.

Pflanzen auswählen

Um einen gut aussehenden Kübelgarten anzulegen, ist es wichtig, die richtigen Pflanzen auszuwählen. Deshalb verfügt dieses Buch über eine umfassende, teilweise illustrierte Darstellung von ihnen. Sie umfasst Zwiebelpflanzen, Stauden, Ein- und Zweijährige, Sträucher, Bäume und Kletterpflanzen. Für jede Pflanze werden Information zu Größe und Aussehen gegeben, damit sie nicht zu klein oder zu groß für ihren Standort ist. Nebenbei bemerkt, müssen Sie viele Sträucher und Bäume am Ende, wenn sie zu groß für ihren Kübel oder für den Standort geworden sind, in dem Gartenboden umpflanzen. Weiterhin wird darüber informiert, welchen Standort – lieber in der Sonne oder im Schatten – und welche Bodenverhältnisse die Pflanzen bevorzugen. Darüber hinaus werden, damit Sie eine bessere Auswahl treffen können, Duftgarten- und Steingartenpflanzen detailliert beschrieben.

Der Pflanzkübel, das Multitalent

Farbenfrohe Blumenkästen verschönern Fenster in besonderer Weise, während Blumenampeln ideale Aufheller für Mauern, Hauseingänge und Balkons sind. Ampeln beiderseits eines Fensters und ein bunter Blumenkasten darunter schaffen eine bewegte Ansicht. Große auf dem Boden stehende Kübel aus Holz oder Terrakotta sind sehr eindrucksvoll, und kleine Töpfe können auf Stützen an Mauern und Zäunen befestigt werden.

Blumenkästen

Attraktive Blumenkästen können in Bezug auf Gestaltung und Farbe ein Wunder an Einfallsreichtum sein. Allerdings brauchen sie relativ viel Fürsorge. Im Grunde ähneln sie langlebigen Blumenarrangements, darum lassen sich viele Regeln der Floristik auch auf Blumenkästen übertragen.

Praktische Aspekte

Der Kasten muss auf ein Fenstersims oder unter ein Fenster passen und absolut sicher befestigt sein. Ein Kasten voll Pflanzen und nasser Erde ist recht schwer, und wenn er über der Straße hängt, muss dafür gesorgt sein, dass er an seinem Platz bleibt. Normalerweise verschraubt man ihn mit Metallwinkeln an der Wand. Wer dabei unsicher ist, sollte sich von einem Fachmann helfen lassen.

▲ *Ein Blumenkasten mit panaschiertem Efeu, niedrigem Ziertabak, Verbenen, Strohblumen und Stiefmütterchen in abgestimmten Farben.*

Zusätzlich sollte ein solcher Kasten mit Ketten, die an Haken am Fensterrahmen oder an der Wand eingehängt werden, gesichert werden.

Blumenkästen sollten außerdem zum Gebäude passen. Meist bestehen sie aus Holz oder Kunststoff, und man kann sie problemlos im Farbton der Fensterrahmen anstreichen. Damit überschüssiges Gießwasser ablaufen kann, müssen im Boden einige Drainagelöcher vorgesehen sein. Soll ein Kasten auf einem geraden Fenstersims stehen, setzt man ihn am besten auf Holzleisten, um die Drainage zu verbessern. Sonst kann sich überschüssiges Wasser stauen, die Wurzeln faulen und die Pflanzen sterben ab. Holzblumenkästen können bei Staunässe obendrein verrotten.

Pflanzen in Kästen müssen regelmäßig gegossen und mindestens zweiwöchentlich gedüngt werden. Ihnen steht nicht viel Substrat zur Verfügung, darum sind die Nährstoffe schnell verbraucht und müssen ergänzt werden. Das gilt vor allem, wenn Sie Obst oder Gemüse im Kasten ziehen.

Blumenkasten selbst gebaut

Wer im Handel keinen passenden Blumenkasten für sein Fenster findet, kann ihn selbst bauen. Mit etwas handwerklichem Geschick und dem richtigen Werkzeug ist das nicht schwierig. Zuerst wird die Fensterbreite und das Holz genau ausgemessen. Nichts ist ärgerlicher, als am Ende festzustellen, dass der fertige Blumenkasten einen Zentimeter zu breit ist – und das geschieht leicht, wenn man beim Zuschnitt die Stärke der Seitenteile nicht berücksichtigt. Seitenteile und Boden werden zusammengesetzt und mit Leim fixiert. Dann schrauben Sie sie mit rostfreien Schrauben zusammen. Verwenden Sie keine Nägel, sie halten nicht zuverlässig, wenn das Holz arbeitet. Rohes Holz muss mit einem geeigneten Holzschutzmittel gestrichen werden. Verwenden Sie ein Produkt, das den Pflanzen nicht schadet. Bohren Sie Drainagelöcher in den Boden. Der fertige Kasten wird mit dicker Plastikfolie ausgelegt, die an den Oberkanten festgetackert wird. Zum Schluss wird die Folie über den Drainagelöchern durchstochen. Nun kann gepflanzt werden.

▶ *Gut durchdacht ist auch das Farbkonzept dieses Kastens mit Ginster, Efeu und Chrysanthemen.*

Den Blumenkasten zusammensetzen

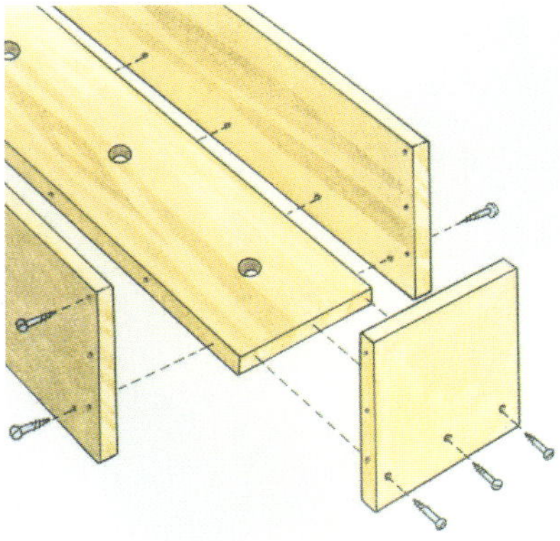

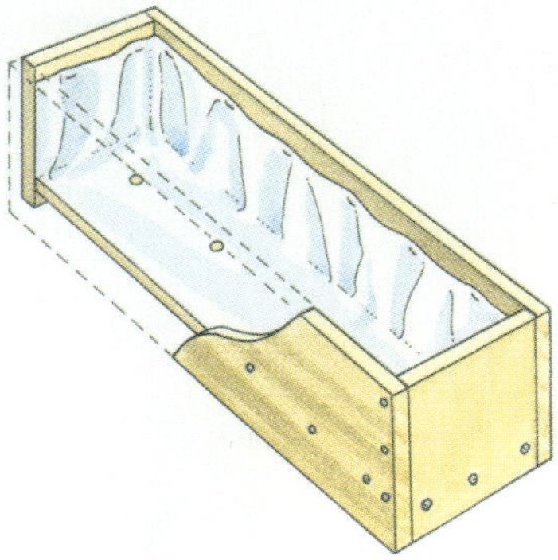

1 Die Fensterbreite ausmessen und alle Holzstücke zusägen. Löcher für die Schrauben vorbohren oder Boden und Seitenteile mit Leisten verbinden.

2 Nachdem der Kasten verschraubt ist, wird er mit stabiler Plastikfolie ausgelegt, damit das Holz nicht fault. Die Folie mit einem Tacker befestigen.

3 An der Wand wird der Blumenkasten mit Winkeln befestigt. Dübeln Sie die Winkel im Mauerwerk an und bringen Sie zusätzlich Sicherheitsketten an.

Blumenampeln

Blühende Ampeln sind im Sommer ein herrlicher Anblick, ob auf der Terrasse, am Balkon oder vor der Haustür. Sie sind einfach zu bepflanzen und zu pflegen, nur bei der Auswahl der Pflanzen sollte man sich etwas mehr Gedanken machen.

Ampel in Blau-Weiß-Rot

Für einen Pflanzkorb mit 40 cm Durchmesser brauchen Sie sechs Pflanzen mit hängendem Wuchs, etwa

Hedera helix (Efeu) – Wählen Sie kleinblättrige, panaschierte Sorten wie 'Adam', 'Asterisk' oder 'Glacier'.

Helichrysum petiolare – hängende Form, herzförmige Blätter, unten wollig dicht und grau, weiter oben heller. Cremeweiße Blüten.

Plectranthus forsteri 'Marginatus' – hängende Triebe mit grün-weiß panaschierten Blättern.

P. australis – kleine, hellgrüne Blätter oder *P. oerthendalii* – weiß geäderte Blätter mit rosa-violetten Unterseiten. Dazu 3–6 hängende Pelargonien 'Roulette' mit rot-weiß gestreiften Blüten,

1–2 *Pelargonium* 'Pulsar Scarlet' für die Mitte des Korbes oder kleinwüchsige rote Sorten aus der Serie Video Mixed,

6–9 *Petunia grandiflora* – eine weiße Sorte oder 6 *Lobelia* 'Safir' – dunkelviolettblau mit weißem Auge oder 'Crystal Palace'.

Für größere oder kleinere Körbe muss die Zahl der Pflanzen entsprechend angepasst werden. Generell sehen Ampeln aber am besten aus, wenn sie beinahe übervoll sind. Die hängenden Blattpflanzen werden an den Rand des Korbs gepflanzt, sodass sie überhängen. Die bunten Pflanzen ordnen Sie in Reihen an. Im Laufe des Sommers wachsen sie immer mehr ineinander.

▶ *Eine andere Variante in Blau-Weiß-Rot mit Leberbalsam und Begonien. Zuerst wird der Boden der Korbeinlage bepflanzt, dann die Pflanzen von innen nach außen durch das Geflecht schieben. Dabei die Pflanzen möglichst wenig beschädigen.*

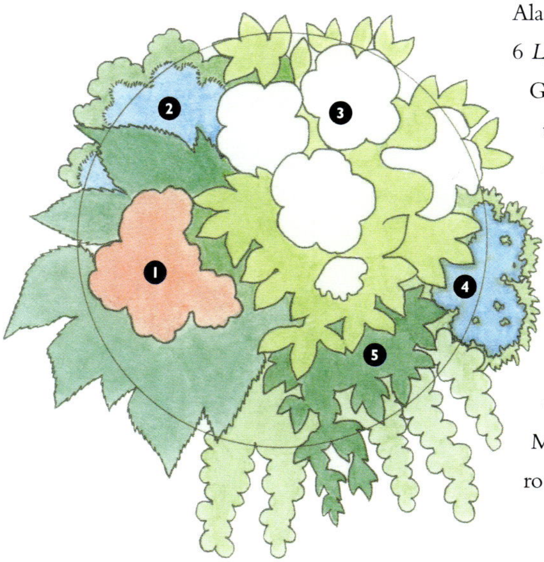

1. Begonie (rot)
2. Leberbalsam (*Ageratum*) (blau)
3. Petunie (weiß)
4. Lobelie (blau)
5. Efeu

Eine leuchtende Ampel in Gelb und Orange

Für einen Pflanzkorb mit 40 cm Durchmesser brauchen Sie

6–9 *Tropaeolum majus* (Kapuzinerkresse), entweder Double Gleam-Hybriden oder Alaska-Mix,

6 *Lysimachia congestiflora* (Felberich) – Gruppen gelber Röhrenblüten mit roter Mitte,

6 *Bidens ferulifolia* (Zweizahn) – kleine, gelbe Sternblüten, die in Kaskaden über die Korbseiten fallen,

oder 6 *Tagetes* – für Ampeln eignen sich niedrige Sorten am besten, etwa die Disco- und Gem-Serien in Orange, Gold und Gelb. 'Naughty Marietta' hat gelbe Blüten mit dunkelroter Zeichnung.

▲ *Ampeln sehen überall um Haus und Garten gut aus. Hier ein Exemplar in einem Duftgarten, bepflanzt mit Duftblattpelargonien.*

▶ *Fleißige Lieschen in kräftigem Pink und Weiß in einer schlichten, zweifarbigen Ampel. Weitere Ampeln im Hintergrund greifen diese Farbkombination auf.*

Blumenampeln im Winter

Fast immer dienen Ampeln als Augenweide für den Sommer. Es ist aber auch möglich, eine Pflanzenkombination zu wählen, die in den Wintermonaten attraktiv aussieht – vorausgesetzt, der Korb ist keinem starken Frost ausgesetzt. Basis der Bepflanzung ist ein winterharter, immergrüner Farn. Dazu kommen weitere Pflanzen wie

- *Hedera helix* 'Glacier' oder *H. h.* 'Pin Oak' (beides Efeusorten) – Hängt die Ampel an einem exponierten Platz, wählen sie winterharte Sorten.
- *Polypodium vulgare* – immergrüner Farn,
- *Vinca minor* (Kleines Immergrün) – hängende Triebe und hellblaue Blüten vom Frühling bis zum Herbst oder
- *Viola × wittrockiana* (Stiefmütterchen) – entweder Sorten mit verschiedenfarbigen oder einfarbig blauen Blüten wählen. Sie blühen mehrere Monate lang.

Einfache Ampeln für den Sommer

Sehr schön sehen auch Ampeln mit nur einer Pflanzenart aus, vielleicht in verschiedenen Farben. Besonders gut eignen sich für solche Bepflanzungen in kontrastreichen oder abgestuften Farben die Petunien. Man teilt sie in drei Gruppen ein. Grandiflora heißen die Sorten mit besonders großen Blüten (bis zu 13 cm Durchmesser). Multiflora ist die Gruppe mit vielen einfachen oder gefüllten Blüten von 8 cm Durchmesser. Milliflora sind kleinere Pflanzen mit zahlreichen Blüten. Meist blühen Petunien in Schattierungen von Rot, Rosa, Violett und Weiß. Pflanzen der Serie Celebrity Mixed, Celebrity Bunting (dunklere Farben) und Celebrity Pastel tragen Blüten in harmonischen Farbabstufun-gen. Sehr schön sind auch einfarbige Sorten wie 'Sonata' in Weiß und 'Supercascade' in Rosarot. Die Grandiflora-Petunien der Serien Picotee und Razzle Dazzle haben oft mehrfarbige Blüten mit gewellten Rändern.

Kübel für große Pflanzen

Es versteht sich von selbst, dass große Pflanzen geräumige Kübel benötigen, wenn sie gut gedeihen sollen. Große Kübel sind teuer, darum sollte man den Kauf genau bedenken. Außerdem müssen die Gefäße sorgfältig auf den Stil des Gartens abgestimmt werden.

Kübel für große Pflanzen

Wer große Pflanzen halten möchte, muss großzügig denken. Alle großen Pflanzen, seien es Bäume, Obstgehölze oder Sträucher, brauchen möglichst viel Erdreich, wenn sie sich gut entwickeln sollen. Im Idealfall pflanzt man sie in ein Hochbeet oder einen speziellen, großen Kübel, der gut zum Stil der Terrasse, des Dachgartens oder Hofes passt. Alle Kübel müssen Drainagelöcher im Boden haben. Ein automatisches Bewässerungssystem kann ebenfalls hilfreich sein.

Das zweite wichtige Kriterium ist der Stil. Überlegen Sie genau, wie sich ein großer, teurer Kübel in Ihren Garten integrieren lässt und wie das Gefäß zu Art und Wuchsform der gewünschten Pflanze passt. Bäume oder Sträucher mit breitem Wuchs sehen am besten in Kübeln mit weiter Öffnung aus. Akkurat gestutzte Formschnittsträucher kommen nur in klassischen, formalen Gefäßen gut zur Geltung. Häufig bestehen große Kübel aus Terrakotta. Geeignet sind aber auch Gefäße aus anderen Materialien, etwa Stein oder glasiertes Steingut, sofern sie dem Wurzelballen der Pflanze genug Platz bieten. Natürlich sollen auch die Proportionen zwischen Kübel und Pflanze ausgewogen sein. Eine kleine Pflanze kann in einem stattlichen Kübel verloren aussehen. Besser ist es, einen zunächst in der Größe passenden Kübel zu wählen und die Pflanze nach einigen Jahren umzutopfen.

◀ Blumenrohr (Canna) passt gut in einen Garten, der Tropenstimmung vermitteln soll. Sie brauchen viel Sonne und Wärme.

Halbe Fässer

Halbe Fässer eignen sich gut als Pflanzkübel – sogar für recht große Bäume. Weil sie sehr natürlich aussehen, passen sie in nahezu jede Umgebung. Mit etwas Glück findet man alte Fässer beim Trödler, es gibt aber auch speziell zum Bepflanzen gedachte Exemplare im Gartencenter. Wer ein ganzes Fass hat, muss es durchsägen. Dazu markieren Sie die Mitte mit einem Kreidestrich und sägen es entlang der Linie durch. Füllen Sie das Fass mit Wasser und lassen es über Nacht stehen, damit das Holz aufquellen kann. Ist das Holz stark ausgetrocknet, muss es eventuell auch länger quellen. Dann bohren Sie Drainagelöcher in den Boden und legen das Fass mit stabiler Plastikfolie aus, die am oberen Innenrand festgetackert wird. Über den Drainagelöchern im Boden wird die Folie durchstochen. Zum Schluss den Folienrand sauber abschneiden und das Fass mit Kies und Substrat füllen.

Die Form des Kübels bestimmt, welche Pflanze optimal passt. Versailles-Kästen eignen sich für kleine Bäume, hohe Amphoren dagegen für Kapuzinerkresse.

Hohe Kübel richtig platzieren

Hohe Kübel eignen sich gut als Blickfang für Gartenhof und Terrasse, denn sie sehen selbst ohne Pflanzen attraktiv aus. Besonders schön sind klassische Amphoren. Beim Bepflanzen sehr hoher Kübel ist allerdings etwas Vorsicht erforderlich. Nur schlichte, hängende Arten sind wirklich gut geeignet.

Schon die Standortwahl für sehr große Gefäße will durchdacht sein. Ein gelungenes Gartendesign muss viele Aspekte berücksichtigen. Die Farbe des Hintergrundes zählt zu denen, die häufig übersehen werden.

KÜBELFÜSSCHEN

In vielen Fällen, wenn auch nicht immer, ist es sinnvoll, den Boden eines Pflanzgefäßes etwas vom Untergrund anzuheben. Das gilt besonders für Blumenkästen aus Holz und MDF-Platte, die man auf Leisten oder Fliesenstreifen stellen sollte. Für Terrakottakübel bietet der Fachhandel spezielle Füßchen an, die für eine ungehinderte Drainage sorgen. Halbe Fässer sollte man stets auf Ziegelsteine stellen.

▶ *Grünpflanzen können in auffälligen Gefäßen sehr gut aussehen. Das Blaugrau der Agave harmoniert mit den sanften Tönen der Kübel.*

Kleine Pflanzgefäße

Je kleiner ein Garten, desto sorgfältiger müssen die Töpfe und Kübel auf den Stil der Anlage und auf die Pflanzen abgestimmt sein. Oft gehen die kleineren Töpfe optisch unter. Töpfe an der Wand erweitern die Pflanzfläche und lenken den Blick in die Höhe.

Kleine Töpfe für kleine Gärten

Das Angebot an kleineren Töpfen ist gewaltig. In einem kleinen Garten reicht der Platz oft nur für wenige Pflanzen aus, die dann aber um so besser auf ihre Gefäße abgestimmt sein sollten. Aus Töpfen mit kleinen Pflanzen wie Primeln oder Stiefmütterchen kann man hübsche Gruppen arrangieren. Größere, flache Schalen bieten sich für die rosettenförmig wachsenden, vielfältigen Hauswurzarten (*Sempervivum*) an.

Konzentrieren Sie sich auf Ihre Lieblingspflanzen, vielleicht niedrige Lavendelsträucher, Zwiebelblüher für den Frühling, Kräuter und Einjährige. Dann tragen Sie eine Sammlung von Tontöpfen in verschiedenen Größen zusammen, bepflanzen und gruppieren Sie sie entsprechend den Bedingungen Ihres Gartens. Möglicherweise reicht der Platz sogar für eine oder zwei Kletterpflanzen aus. Sie brauchen allerdings einen größeren Topf, in dem sich ihre Wurzeln ausbreiten können. Clematis lieben einen schattigen Wurzelbereich, darum sollten die Kübel nicht in der prallen Sonne

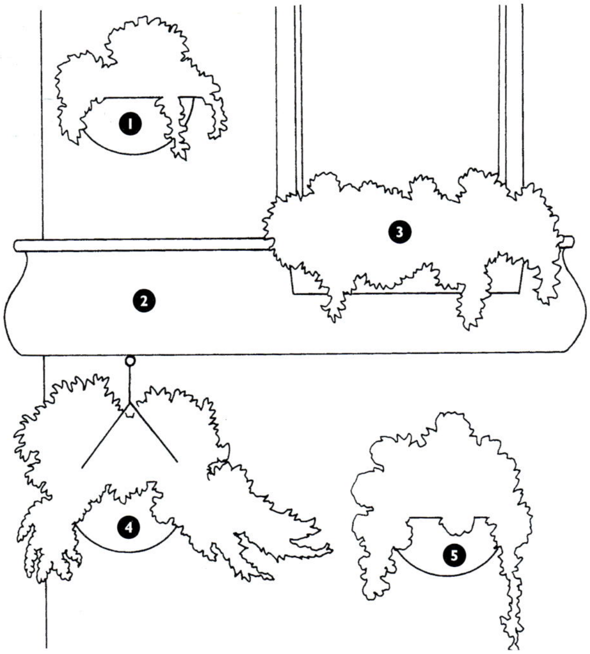

◀ *Muss sich ein Gärtner mit wenig Platz zufrieden geben, bleibt ihm die Möglichkeit, die Wände mit Wandtöpfen, Blumenkästen und Ampeln einzubeziehen. Damit ein harmonisches Bild entsteht, sollten Pflanzen und Gefäße zusammenpassen.*

1. Wandtopf
2. Balkon vor dem Fenster
3. Blumenkasten
4. Ampel
5. Wandtopf

Antike Wandtöpfe

Schlichte Wandtöpfe sehen fast immer gut aus. Manchmal eignen sich aber auch unkonventionelle Modelle, die beispielsweise an klassische Formen angelehnt sind oder Motive alter Kulturen wie der Maya oder Azteken imitieren. In der richtigen Umgebung sehen sie interessant aus. Beliebte Formen sind Muscheln und Schneckenhäuser, Flechtmuster und Kürbisse. Die geringe Substratmenge in Wandtöpfen trocknet im Sommer schnell aus, darum muss man zweimal täglich gießen.

▶ *Einfache Tonblumentöpfe mit leuchtenden Fleißigen Lieschen sind mithilfe von Drahtringen an einem Holzzaun befestigt.*

stehen. So kann selbst ein winziger Garten oder Hof bezaubernd gestaltet werden.

Wandtöpfe und Blumenampeln

In einem reinen Kübelgarten sollte man stets die Dimension der Höhe im Auge behalten. Es gibt viele Möglichkeiten, den Garten nach oben auszudehnen, sofern eine Wand vorhanden ist. Selbst ein stabiles Spalier und einige hängende Töpfe können schon ausreichen. Spezielle Wandtöpfe haben eine abgeflachte Rückseite und meist eine Öse zum Aufhängen. Sie liegen flach an einer Wand an und bieten sich für Pflanzen mit hängendem Wuchs an. Mit bunten Einjährigen gefüllt sind sie ein Blickfang.

Wandtöpfe gibt es in vielen Designs, von ganz schlichten Modellen bis zu Bienenkörben, Muscheln und Schneckenhäusern, außerdem schlank zulaufende Kelchformen und üppig bauchige Töpfe. Wer in seinem Garten Terrakottakübel in verschiedenen Formen verwendet, sollte versuchen, Wandtöpfe in ähnlichen Formen zu finden, um ein einheitliches Bild zu gestalten. Wichtig ist auch, dass Wandtöpfe sicher befestigt werden und zum Gießen noch erreichbar sind. Weil sie mehr Sonne erhalten als Kübel am Boden, müssen sie ebenso häufig wie Blumenampeln gegossen werden. Wählen Sie für Wandtöpfe möglichst Pflanzen, die etwa zur gleichen Zeit blühen.

Blumenampeln

Die klassischen Körbe für Blumenampeln sind schlicht und haben einen Durchmesser von 30–40 cm. Im Fachhandel findet man auch kunstvoll verschnörkelte Modelle, doch die schlichten reichen völlig aus, da sie ohnehin in kurzer Zeit von den Pflanzen verdeckt werden. Sehr wichtig ist hingegen, dass der Haken oder Winkel zur Aufhängung von Ampeln stabil und sicher befestigt ist. Dicht bepflanzte und frisch gegossene Ampeln sind überraschend schwer. Weitere Hinweise zur Pflege und Bepflanzung finden Sie auf Seite 11–12.

Wandtöpfe und Ampeln sind vor allem für Balkongärten praktisch. Nur auf einem sehr großen Balkon kann man große Kübel für Kletterpflanzen aufstellen. Auf kleinen Balkonen hingegen sorgen geschickt platzierte Wandtöpfe und Ampeln für Abwechslung.

Kübel für den Garten

Die sorgfältige Auswahl und Aufstellung von Kübeln und Töpfen ist äußerst wichtig für die Verschönerung Ihres Gartens. Pflanzbehälter können in verschiedenster Weise genutzt werden, beispielsweise als Blickfang im Garten oder auf der Terrasse, um Ruhezonen abzuschirmen oder Treppen und Wege ins rechte Licht zu rücken. Außerdem sollen Kübel und Pflanzen zueinander wie zu ihrem Hintergrund passen.

Gute Planung muss sein

Wer einen Garten plant, muss ihn zuerst einmal genau vermessen. Das ist vor allem in Garteninnenhöfen wichtig. Je kleiner der Garten ist, desto mehr kommt es darauf an, jeden Quadratzentimeter optimal zu nutzen und im besten Licht zu präsentieren.

Wofür wird der Garten benutzt?

Ist der Garten einmal vermessen, muss überlegt werden, wie die Bewohner ihn nutzen möchten. Der Platz ist hier entscheidend. In einen sehr kleinen Garten passen vielleicht gerade ein Tisch und Stühle – ein Essplatz für den Sommer. Auf so beengtem Raum muss sich der Gärtner eventuell mit einigen Kübeln begnügen, in denen frische Kräuter für die Küche, einjährige Blühpflanzen oder Kletterpflanzen zum Kaschieren einer Mauer gedeihen.

Je größer der Garten, desto mehr Möglichkeiten bietet er – und desto

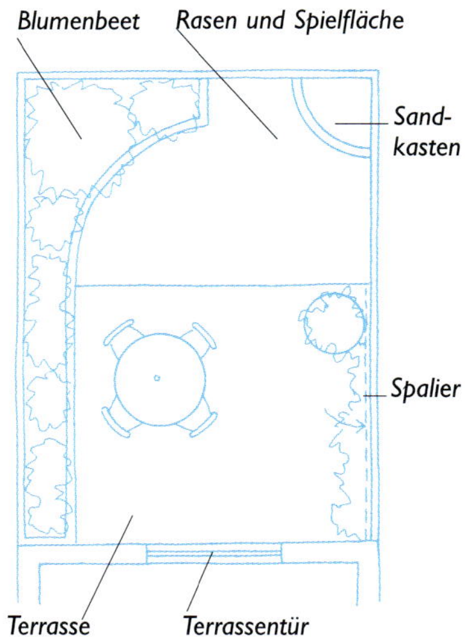

▲ Ein kleiner Garten hinter einem Stadthaus. Das Spalier und der Baum in der rechten Ecke lockern den Bereich optisch auf.

◀ Ein schöner Gartenhof mit einer prächtigen Hosta in einem Kübel. Die orangefarbenen und leuchtend gelben Blüten der Kapuzinerkresse heben sich gut von dem Grün der Blätter ab.

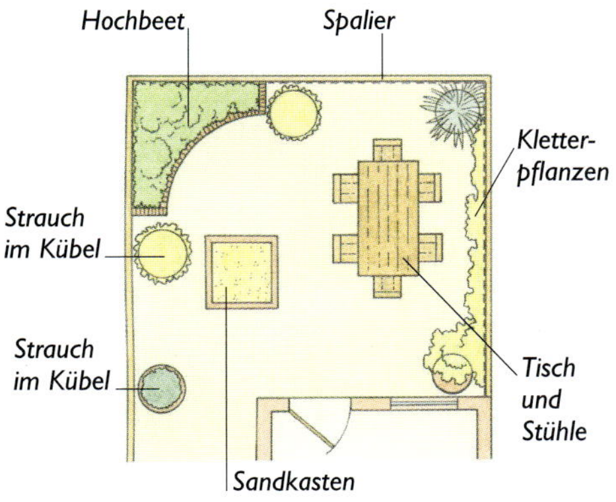

▲ *Ein Ausschnitt der Skizze auf Seite 20 für ein Stadthaus mit seitlichem Durchgang. Der Sandkasten liegt im Sichtbereich des Küchenfensters, die Kübel beleben die seitliche Grenze.*

▶ *Ein geschmackvoller Gartenhof mit einem quadratischen Wasserbecken inmitten von Farnen. Die Buchsbaumkugeln harmonisieren die kantigen Konturen des Beckens.*

mehr Probleme können auftauchen. Denken Sie zuerst an die Familie. Viele Jungen sehen sich gern als Fußballstars, doch Pflanzen und Ballspiele vertragen sich nicht gut, und Hortensien eignen sich auch nicht als Torpfosten. Mädchen sind oft ruhiger, doch alle Kinder wünschen sich Platz zum Radfahren. Kleine Kinder haben Spaß an einem Sandkasten, für den sich auch in einem kleinen Gartenhof Platz findet. (Wer einen Sandkasten baut, sollte an eine Abdeckung denken, um unerwünschten Besuchen von Nachbarkatzen vorzubeugen.)

Kernfragen Klären Sie vorab einige grundsätzliche Fragen. Soll der Garten im Sommer zum Essen genutzt werden? Dient er als zusätzlicher Wohnbereich oder Aufenthaltsplatz für die Familie? Sind diese Fragen geklärt, kann man sich den Besonderheiten des Gartens zuwenden. In welche Himmelsrichtung ist er ausgerichtet? Wie viel Sonne bekommt er – oder liegt er den ganzen Tag im Schatten? Danach überlegen Sie, welche Art von Kübeln Sie aufstellen wollen, ob vielleicht Platz für ein Hochbeet vorhanden ist und welche Pflanzen sich dafür eignen. Hochbeete haben viele Vorzüge. Sie sind für ältere und körperbehinderte Personen bequemer zu pflegen und bieten ausreichend Platz für langlebige Pflanzen wie Bäume und Sträucher. Außerdem geben Sie dem Garten Höhenstruktur. Wer ein Hochbeet anlegen will, sollte zur Hausmauer etwas Platz lassen, um die Feuchtigkeitssperre des Mauerwerks nicht zu beschädigen oder zu überbrücken.

Grundregeln Ob der Garten groß oder klein ist, einige Regeln gelten generell. Alle Elemente eines Kübelgartens müssen leicht erreichbar sein, zudem muss der Garten einen erkennbaren Grundriss haben. Das mag selbstverständlich klingen, aber im Eifer wird oft der Zugang zur Terrassentür behindert. Außerdem muss dafür gesorgt sein, dass alle Kübel problemlos gegossen werden können und dass auch das Anbinden oder Beschneiden langlebiger Pflanzen möglich ist. Natürlich muss auch der Zugang zum Außenwasserhahn frei bleiben, und schließlich darf eine Baumkrone nicht genau vor einem Fenster sein.

Kübel als Blickfang

Für einen Gartendesigner gibt es keine größere Herausforderung als einen langen, schmalen Garten, der auf einen Blick zu überschauen ist. So sollte kein Garten sein. Selbst der kleinste Garten braucht etwas Geheimnisvolles, und das lässt sich mit geschickt platzierten Kübeln durchaus schaffen.

Der kleine, formale Kübelgarten

Formale Gärten mit ihrer geometrischen Aufteilung haben sich aus den Knotengärten des späten 16. Jahrhunderts entwickelt. Quadrate, Rechtecke und Kreise sind die gängigsten Formen, die sich auch für kleine Gärten gut eignen. Wer einen schmalen, rechteckigen Garten hat, könnte diese Form noch betonen und die Grenzen mit einer dunkelgrünen Eibenhecke bepflanzen. Dann wird ein Weg aus Ziegeln oder Natursteinplatten verlegt, der mitten durch den Garten zu einem auffallenden Kübel oder Wasserspiel führt, das am Ende des Grundstücks als Blickfang dient. Ein Kreis in der Mitte des Wegs unterteilt den Garten in vier gleiche Teile. Dadurch entstehen vier Beete, die jeweils zur Mitte hin einen gerundeten Ausschnitt haben. Jedes der Beete bekommt eine klare Kontur aus einer niedrigen Buchsbaumhecke *(Buxus sempervirens)*. An den vier Ecken der Beete werden gleiche Kübel aufgestellt, bepflanzt mit der goldblättrigen Art *B. s.* 'Marginata', die sich gut in Kugelform schneiden lässt. Weil die Kugeln in Kübeln stehen, wirken sie höher als die niedrige Buchsbaumhecke und betonen die Vertikale. Und weil sie immergrün sind, sorgen sie dafür, dass der Garten auch im Winter attraktiv aussieht. Die Bepflanzung der vier Beete richtet sich nach der Größe und Ihrem persönlichen Geschmack. Sie sollte möglichst symmetrisch sein und Pflanzen unterschiedlicher Höhe enthalten.

◀ *Eine rustikale Laube in einem formalen Garten, eingerahmt von Glyzinien-Hochstämmen und Kübeln mit Lilien und Aurikeln. Euphorbien flankieren die Stufen zum Kräutergarten.*

Der informelle Stadtgarten Eine zweite Gestaltungsmöglichkeit für das gleiche Gartengrundstück baut auf geschwungenen Linien auf. Zuerst wird der Garten auf Kästchenpapier skizziert, dann werden an den Rändern einige Bögen gezeichnet – das sind die Blumenbeete (siehe Zeichnung oben rechts). Die Mitte des Gartens nimmt eine Rasenfläche ein, durch die sich ein leicht s-förmiger Pfad aus Trittsteinen zieht und zu einem Rondell führt, auf dem ein schöner Kübel, eine Amphore oder eine Sonnenuhr stehen könnte. An den Schnittpunkten der einzelnen Bögen wird je ein Kübel platziert. Manche sind vom Haus aus gar nicht sichtbar, andere sind nur teilweise verdeckt. Dadurch bekommt der Garten eine Reihe von „geheimen Plätzen". Als Rahmen für einen solchen Garten bieten sich ein oder zwei größere Bäume an, die zunächst den Blick von der Form der Beete ablenken und für zusätzliche optische Spannung sorgen.

Die Bepflanzung eines Gartens sollte mit den Jahreszeiten variieren. Kleine Zwiebelpflanzen wie Schneeglöckchen und Krokusse sehen zeitig im Jahr schön aus. Für den Frühsommer bieten sich farbenfrohe Stauden wie Akelei und Lerchensporn an. Wenn der Platz ausreicht, sollten auch einige kleinere Rosen als sommerlicher Farbtupfer nicht fehlen. Töpfe und Kübel werden mit leuchtend bunten Einjährigen bepflanzt.

▶ Eine stattliche, antike Urne in einem formalen Garten, eingerahmt von akkurat beschnittenen, niedrigen Buchsbaumhecken.

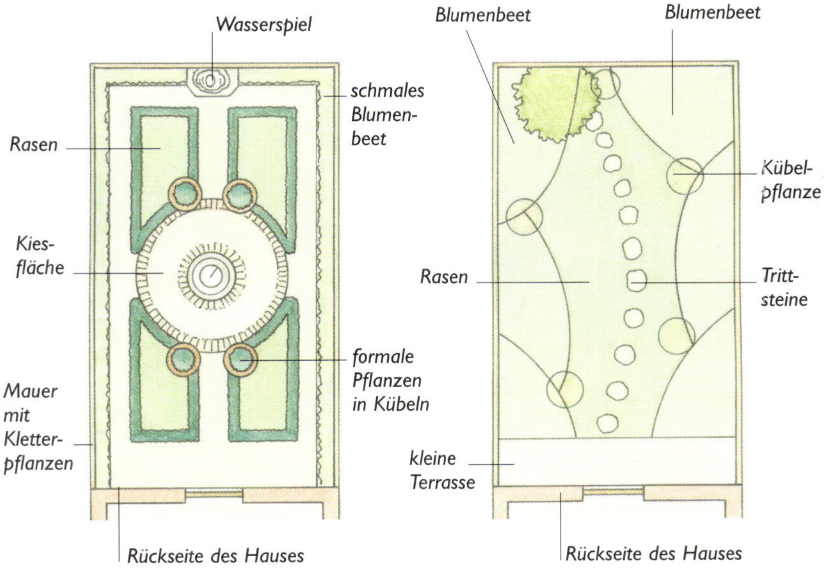

▲ Zwei Entwürfe für das gleiche Grundstück. Die Bepflanzung des formalen Gartens (links) kann mit den Jahreszeiten variiert werden. In dem zwanglosen Garten rechts ist alles möglich.

Platz und Blickfang schaffen

Kübel eignen sich perfekt, um Gartenbereiche voneinander abzugrenzen; das gilt gleichermaßen für große Gärten auf dem Land wie für kleine Stadtgärten. Mit Kübeln kann man im Handumdrehen eine Barriere schaffen, und im folgenden Jahr können sie einfach umgestellt werden.

Kübel im kleinen Stadtgarten

Im typischen kleinen Stadtgarten schließt sich an die Rückseite des Hauses eine gepflasterte Terrasse an. Dahinter liegt ein Rasen, beiderseits von Blumenbeeten flankiert. Wer aber einen sehr langen, schmalen Garten hat, möchte ihn vielleicht in drei oder vier Bereiche unterteilen. Für solche Grundstücke bietet sich eine Querteilung förmlich an.

Stellen Sie für die erste Unterteilung eine gerade Anzahl formaler Kübel am Rand der Terrasse auf. Sie müssen Blick und Zugang zum Rasen nicht völlig versperren, um den Eindruck einer Abgrenzung zu erwecken. Werden sie im Sommer mit bunten Blumen bepflanzt, etwa Petunien und Lobelien, wirken sie obendrein als Blickfang und locken bei Sonnenschein auch Bienen und Schmetterlinge an. Auch die Kübel kommen mit solchen Pflanzen besser zur Geltung.

Wenn der Platz ausreicht, könnten Sie im hinteren Bereich ein leicht erhöhtes Beet anlegen. Bauen Sie eine niedrige Stützmauer, vielleicht zwei oder drei Ziegelsteinreihen hoch, mit einer einzelnen Stufe in der Mitte. Vor der Stützmauer werden vier Kübel aufgestellt – je einer rechts und links neben der Mauer und zwei neben der Stufe. Perfekt wird die Gestaltung durch eine Gartenbank am Ende des Gartens, die von zwei weiteren Kübeln flankiert wird und so einen formalen Blickfang bildet.

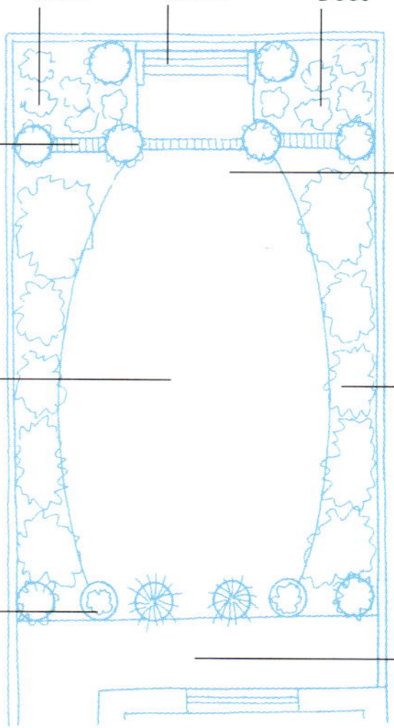

▲ *Eine gute Lösung ist die Aufteilung in drei Bereiche, die durch Kübel und Niveauunterschiede abgegrenzt werden.*

Kübel für Wege Auf einem ähnlichen Konzept basiert die Idee, Kübel in regelmäßigen Abständen beiderseits eines Gartenweges aufzustellen – wie Soldaten, die Spalier stehen. Im Idealfall sollte der Weg so breit sein, dass zwei Personen bequem nebeneinander gehen können und auch der Gärtner mit beladener Schubkarre genug Platz hat.

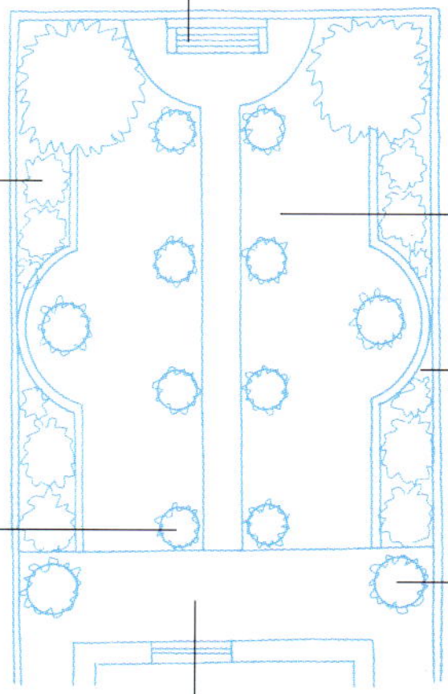

▲ *Symmetrie ist das Grundprinzip formaler Gärten. Identische Kübel flankieren den Weg, der durch die Mitte des Rasens führt.*

◀ *Eine grobe Skizze der Bereiche hilft beim Ermitteln, wie viele Kübel welcher Art gebraucht werden. Hier soll ein Sitzplatz von Duftpflanzen umrahmt werden.*

1. *Lilium* 'Golden Splendor'
2. *Nicotiana* Domino Mixed
3. *Phlox* Palona Mixed
4. *Nicotiana* Domino Mixed

Kübelpflanzen als Blickfang und Akzent

Kübelpflanzen haben den Vorteil, dass man mit ihnen die Bepflanzung beleben und immer neue Farbakzente setzen kann. Im Sommer kann man leuchtend rote und weiße Pelargonien gemischt oder separat pflanzen. Für Effekte in Blau-Weiß-Rot passen dazu zierliche Lobelien.

Eine andere Möglichkeit sind Petunien in sanften Flieder-, Rosa- und Weißschattierungen. Für solche pastellfarbenen Pflanzen eignen sich vor allem graue Kübel aus Naturstein, Beton oder Kunststoff, weil der neutrale Farbton nicht mit den Blütenfarben konkurriert. Farbige Kübel sind für solche Zwecke eher ungeeignet, weil die Kontraste leicht allzu schrill ausfallen können.

▶ *Sonnenblume und Säckelblume – eine augenfällige Kombination. Für einen ähnlichen Kontrast eignen sich auch späte Narzissen.*

Kübel für Tür und Tor

Türen und andere Durchgänge sind besonders wichtige Bereiche in Haus und Garten. Die Haustür zeigt den Geschmack der Bewohner an. Ähnlich kündigt auch ein Durchgang im Garten das an, was dahinter liegt. Folglich müssen gerade hier die Kübel sehr sorgfältig ausgewählt werden.

◀ *Ein bezaubernder Garten mit Kübeln voll Hosta und Dicentra. Das Geißblatt am Rundbogen muss kräftig beschnitten werden.*

Der formale Eingang

Ein beliebtes Gestaltungsthema für den Eingangsbereich älterer Stadthäuser sind zwei formale Kübel im Versailles-Stil, bepflanzt mit Lorbeer-Hochstämmchen *(Laurus nobilis)*, die zu sauberen Kugeln gestutzt sind. Weitere Pflanzen sind nicht nötig, man kann auf die Erde der Kübel aber eine Schicht hellen Kies oder Splitt geben. Beschnittener Buchsbaum (Buxus) in antiken Terrakottakübeln, vielleicht zu spiralförmigen Hochstämmen geformt, ist eine gute Alternative. Wer lieber etwas Farbe hätte, könnte stattdessen einen Margeriten-Hochstamm *(Argyranthemum)* mit silbrigem Laub und weißen Blüten wählen.

Farbenfrohe Begrüßung Für weniger formale, aber geräumigere Eingangsbereiche bieten sich ganz andere Lösungen an – je nachdem, ob ein Vorgarten vorhanden ist oder vielleicht eine gepflasterte Fläche für einige Kübel. In einem ländlichen Garten könnte man eine Kletterrose, etwa die Sorte 'Iceberg', über die Tür leiten. Ihre nickenden, weißen Blüten sehen von unten besonders zart aus. Zum Einrahmen der Rose eignen sich mehrere Kübel und Töpfe mit blau und weiß blühenden Pflanzen, beispielsweise Storchschnabel (*Geranium* 'Johnson's Blue'), dunkelblauer Lavendel (*Lavandula angustifolia* 'Hidcote'), weiße Petunien oder Bartfaden (*Penstemon* 'White Bedder').

Formale Bögen

Ein Bogen in einer immergrünen Hecke, flankiert von Terrakotta- oder Steinkübeln mit einer konsequent einfarbigen Bepflanzung, ist in jedem Garten ein faszinierender Anblick. Für solche Zwecke gibt es keine bessere Wahl als Weiß, das vor dem dunklen Grün leuchtet. Reizvoll kann aber auch eine Kombination in Blau und Weiß aussehen. Wichtig ist, dass die Kübel zur Hecke passen. Vor einer formalen Eibenhecke sind beispielsweise elegant geformte Gefäße aus Terrakotta sehr stilvoll.

Eine Tür einrahmen

1 Zuerst den Bereich rings um die Tür ausmessen und ein Spalier aus Leisten andübeln. Wer mag, verwendet statt eines Spaliers Spanndrähte.

2 Passende Kübel für die Pflanzen wählen und auf Ziegelsteine stellen, damit überschüssiges Gießwasser abfließen kann.

3 *Clematis* 'Jackmanii Superba' und die nahezu stachellose Rose 'Zéphirine Drouhin' sind harmonische Partner und sorgen für sommerliche Farbe.

Pflanzenpflege Wer sich für zwei Lorbeerhochstämmchen oder andere formale Pflanzen in identischen Kübeln entschieden hat, muss sie regelmäßig in Form schneiden, gießen und düngen. Einjährige sind preiswert und werden nach der Blüte ersetzt. Ein stattlicher Hochstamm ist hingegen eine wesentlich größere Investition, doch bei guter Pflege hat man an ihm viele Jahre Freude. Koniferen und sogar Olivenbäumchen *(Olea europaea)* in formalen Kübeln sind ebenfalls gute Türsteher. Olivenbäume sind frostempfindlich und müssen bei Forst ins Haus oder Gewächshaus.

Auf stimmige Proportionen achten

Beim Einrahmen einer Tür mit Pflanzen muss die Höhe der Tür berücksichtigt werden. Die Proportionen zwischen Tür und Kübeln sollen ausgewogen sein. Zu kleine Kübel wirken nicht, während zu große die Tür sehr einengen können. Stellen Sie die Kübel probeweise auf und stellen Sie sich vor, wie hoch die gewünschten Pflanzen werden. Achten Sie auch darauf, dass die Kübel mit dem Stil des Hauses harmonieren. Verwitterte Terrakottakübel passen zu ländlichen Backsteinhäusern. Für ein modernes Stadthaus sind schlichte Gefäße ohne jeden Schnörkel besser geeignet.

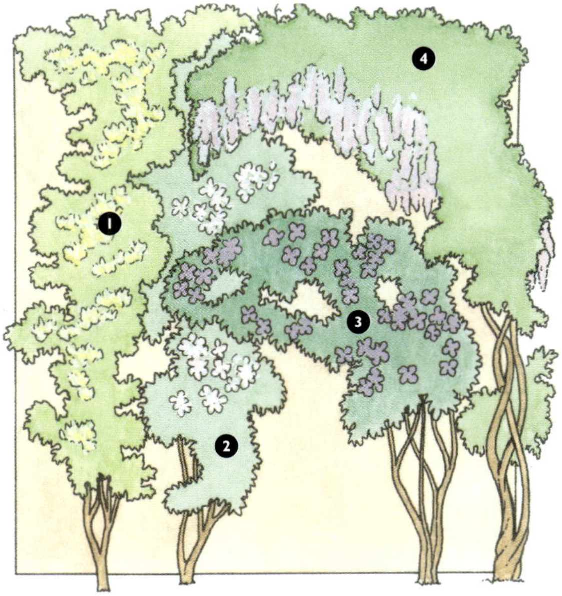

◀ *Zum Einrahmen einer Haustür eignen sich verschiedene Pflanzen. Geißblatt duftet herrlich, sieht aber etwas unordentlich aus. Clematis montana ist sehr schnellwüchsig. Glyzinien (Wisteria) müssen sorgfältig beschnitten werden und gedeihen am besten direkt im Erdreich.*

1. Geißblatt *(Lonicera)*
2. *Clematis montana*
3. *C.* 'Jackmanii Superba'
4. Glyzinie *(Wisteria sinensis)*

Kübel für Stufen und Wege

Ausgesprochen edel sehen Kübel aus, die eine formale Treppe flankieren. Stufen können auch aus dem Souterrain des Hauses zum Garten führen oder im Grenzbereich zwischen zwei Ebenen im Garten liegen. An solchen Plätzen sind Kübel ein besonderer Blickfang.

Kübel auf den Garten abstimmen

Zunächst muss der Stil der Treppe berücksichtigt werden. Schmale, rustikale Stufen aus Ziegelsteinen oder alten Eisenbahnschwellen in einem ländlichen Garten vertragen sich am besten mit kleinen Töpfen oder Kübeln, die passend zur Umgebung bepflanzt sind. Zu einer schwarzen Feuertreppe an einem Stadthaus passen Tontöpfe mit leuchtend roten Pelargonien. Am Fuß einer einfachen Treppe, die zum Haus führt, könnte man auch Kübel mit Kletterpflanzen wie Clematis aufstellen. Flicht man die Triebe durch die Streben des Geländers, wirkt auch dies gleich nicht mehr so kühl und technisch. Breite Stufen in großen, formalen Gärten verlangen nach stattlichen, klassischen Kübeln mit passenden Pflanzen, etwa weißen Hortensien. Sie lenken den Blick auf die Stufen und laden in die nächste Ebene ein; das gilt besonders für Stadthäuser, aus deren Souterrain eine Treppe in den Garten führt.

▶ Der Weg aus Ziegelsteinen wird begleitet von Rosen, Fingerhut und Heuchera. Die Statue neben dem Kübel wirkt geheimnisvoll.

Engen Raum gut nutzen

In vielen Gärten ist der Platz knapp, doch kann man Stufen oder Wege, etwa vor der Küche, ausgezeichnet nutzen. Küchenkräuter sind hier bestens platziert. Viele gedeihen in der Sonne und im Halbschatten, und der Koch muss nur wenige Schritte gehen, um frisches Grün für den Salat zu ernten. Natürlich kann man auch dunkle Bereiche mit Pflanzen

▶ Im Sommer kann man kahle Treppen bestens mit Töpfen voll leuchtender Einjähriger dekorieren: Pelargonien, Petunien und Verbenen bieten sich an.

1. *Pelargonium* Horizon-Serie
2. *Verbena × hybrida*
3. *Pelargonium* Horizon-Serie
4. *Pelargonium* Horizon-Serie
5. *Pelargonium* Horizon-Serie

beleben, etwa den seitlichen Durchgang neben einem Reihenhaus. Wer hierfür allerdings Blühpflanzen wählt, die viel Sonne brauchen, sollte sie regelmäßig mit anderen austauschen, damit sie ausreichend Licht bekommen. Die Mühe können Sie sich aber auch sparen, wenn Sie gleich Schattenpflanzen bevorzugen.

Kübel in Durchgängen

In Durchgängen sind die Lichtverhältnisse weiter oben an den Wänden naturgemäß besser als unten. Auf dem Boden ist es generell sehr schattig. In diesem Fall sollte man Töpfe an den Wänden befestigen, vor allem, wenn dorthin stundenweise Sonne fällt. Dadurch bleibt die Bodenfläche frei für Fußgänger, Fahrräder und Kinderspielzeug. Auch beim Dekorieren von Treppen muss darauf geachtet werden, dass die Benutzbarkeit durch die Kübel nicht eingeschränkt wird. Das gilt besonders für Feuertreppen und Fluchtwege.

Sonne und Schatten

Achten Sie bei der Planung der Bepflanzung immer auf die Himmelsrichtung. Kübel, die vor einer Südwand stehen, können sich stark aufheizen. Man bepflanzt sie am besten mit Arten, die trockene Hitze gut vertragen. Günstig sind Pflanzen aus dem Mittelmeerraum, etwa Lavendel und Rosmarin. Nordwände und schattige Bereiche verlangen nach Pflanzen, die mit wenig Licht auskommen.

▲ Eine Wendeltreppe aus Schmiedeeisen sieht in einem kleinen Garten gut aus. Lupinen, Fingerhut und Lilien sorgen im Sommer für Farbe.

▲ Sukkulenten dürfen im Sommer im Freien stehen. Die blaugrauen Blätter der Agave harmonieren mit den scharlachroten Pelargonien.

Farbkonzepte für den Kübelgarten

Es ist äußerst wichtig, Pflanzen auszuwählen, die zueinander und zu ihrem Hintergrund passen. Rot und Orange sind warme Farben und erzeugen dramatische Ansichten. Kalte Farben, wie Weiß oder Hellblau, sind ruhiger und können auf größeren Flächen gepflanzt werden als warme Farben. Gelbe Blüten werden insbesondere von Kindern und von kreativen und vitalen Menschen bevorzugt.

Das Farbschema

Im Garten vertragen sich die meisten Farben miteinander, weil die grünen Blätter ausgleichend wirken. Blüten in Weiß und blassen Farbtönen bilden Brücken zwischen leuchtenderen Farben. Dennoch sollte man in einem kleinen Kübelgarten die Farbkombinationen sorgfältig planen.

Der Farbkreis

Die Farbtheorie basiert auf dem Farbkreis. Wer dieses System versteht und die Beziehungen zwischen den Farben kennt, kann auch im Garten eine ausgewogene Pflanzung zusammenstellen.

Primärfarben Die drei Primärfarben sind Rot, Gelb und Blau. Es sind die einzigen Farben, die nicht durch Mischen anderer Töne zu erzielen sind. Andererseits lassen sich durch Mischungen der Primärfarben untereinander sowie mit Schwarz und Weiß alle Farbtöne herstellen. Im Garten passen Primärfarben gut zusammen. Denken Sie nur an einen Frühlingskübel mit blauen Vergissmeinnicht *(Myosotis)*, gelben Schlüsselblumen *(Primula vulgaris)* und roten frühen Tulpen (*Tulipa* 'Brilliant Star' oder T. 'Mme Lefeber'). Sie alle blühen im zeitigen Frühling, das Ergebnis ist fröhlich und bunt. Wer es etwas ruhiger mag, lässt die Tulpen weg und beschränkt sich auf die Blau-Gelb-Kombination. Die Vergissmeinnicht haben hier eine zusätzliche Funktion: Als Bodendecker verstecken sie das Pflanzsubstrat.

▲ *Hier werden auf dem Farbrad die Primär- und Sekundärfarben mithilfe von Pflanzen dargestellt.*

Später im Jahr könnten die Primärfarben durch rote und gelbe Hahnenkämme *(Celosia)* und blaue Kornblumen *(Centaurea cyanus)* vertreten werden. Die Sorte 'Dwarf Blue' wird nur 30 cm hoch und eignet sich bestens für den Kübel. Im Hochsommer wirken diese Farben greller als im Frühling. Das liegt am Licht, das sanfter wirkt, wenn die Sonne noch tief am Himmel steht. Primärfarben wirken immer sehr belebend.

Sekundär- und Komplementärfarben

Mischt man zwei Primärfarben, so erhält man eine Sekundärfarbe. Rot und Blau ergeben Violett, Rot und Gelb ergeben Orange, Blau und Gelb ergeben Grün.

Als Komplementärfarben bezeichnet man die Farben, die einander auf dem Farbkreis gegenüberliegen. Durch Zugabe von Weiß und Schwarz lassen sich alle Farben aufhellen oder abdunkeln.

Mischt man eine Farbe mit unterschiedlichen Mengen von Weiß und Schwarz, entstehen feine Abstufungen. Gerade diese Abstufungen spielen im Garten eine wichtige Rolle. Die schönsten Farbschemata basieren auf einer gut abgestimmten Kombination verschiedener Abstufungen.

Farbeffekte

Pflanzenkombinationen in den warmen Farben Rot, Orange und Gelb wirken lebhaft und intensiv, während die kühleren Farben Lila, Blau und Petrol eine ruhigere Stimmung erzeugen. Blasse Farbtöne harmonieren generell mit-

◀ *Eine herbstliche Farbkombination in Rot, Gelb und Orange mit verschiedenen Dahlien, Taglilien* (Hemerocallis), *niedrigen Begonien im Vordergrund und hohen Montbretien* (Crocosmia) *im Hintergrund. Die Mischung ist lebhaft, aber nicht aufdringlich.*

1. *Crocosmia* 'Lucifer'
2. *Dahlia* 'Bishop of Llandaff'
3. *Begonia* 'Barcos'
4. *Dahlia* Unwins Dwarf-Gruppe
5. *Hemerocallis* 'Bertie Ferris'
6. *Hemerocallis* 'Lusty Lealand'
7. *Dahlia* 'Preston Park'
8. *Dahlia* Unwins Dwarf-Gruppe
9. *Dahlia* 'Jeanette Carter'

einander, denn sie wirken weniger dramatisch oder aufdringlich.

Pflanzengruppen in einem kleinen Kübelgarten sollten stets so geplant werden, dass sie auch zum Haus und zu ihrer Umgebung passen. Möglicherweise bestehen die Mauern von Haus und Garten aus Ziegeln in verschiedenen Tönen. Neue, rote Ziegel sind nicht ideal als Hintergrund für Pflanzen. Natürlich könnte man die Gartenmauer weiß streichen, doch auf lange Sicht lohnt es, einige Kübel mit Efeu zu bepflanzen und die Wand so zu begrünen. Blattgrün wirkt als Hintergrund für die meisten Blütenfarben am natürlichsten.

▶ *Eine Bepflanzung in Primärfarben wie Rot und Gelb ist zweifellos ein Blickfang, doch sie kann auch unruhig und aufdringlich wirken.*

Warme Farben

Leuchtende Farben aus dem warmen Sektor des Farbkreises sorgen im Beet oder Kübel immer für Aufsehen. Die Töne müssen aber sorgfältig kombiniert werden, damit das Arrangement nicht aufdringlich wirkt. Weiße oder pastellfarbene Blüten bringen Ruhe in eine solche Kombination.

Leuchtende Pflanzung mit roten und gelben Zwiebelblumen

Die wichtigsten Zwiebelblüher mit roten und gelben Blüten sind Tulpen und Narzissen. Generell blühen Narzissen etwas früher als Tulpen. Wer Wert auf eine gemeinsame Blüte legt, muss daher die Kataloge sehr sorgfältig durchstöbern und vorzugsweise frühe Tulpensorten wählen. Geeignet sind Sorten der Gruppe 1 (frühe einfache), Gruppe 12 (Kaufmanniana-Gruppe) oder Gruppe 14 (Greigii-Gruppe). Insgesamt gibt es 15 Gruppen, denen die verschiedenen Tulpensorten zugeordnet werden. Ähnlich differenziert ist die Einteilung der Narzissen in 11 Gruppen. Zu den Spätblühern gehören die Sorten der Gruppe 5 (Triandrus), Gruppe 7 (Jonquilla) und Gruppe 9 (Poeticus). Im Alltagssprachgebrauch werden sie alle unter dem Oberbegriff Narzissen zusammengefasst. Vor allem Zwergnarzissen eignen sich ausgezeichnet für die Kübelbepflanzung.

▲ *Ein schöner Frühlingskübel mit Blüten in Rot, Blau und Gelb. Niedrige Tulpen gibt es in der Kaufmanniana- oder Greigii-Gruppe.*

Zu den empfehlenswerten Sorten gehören *N.* 'February Gold', *N.* 'Jumblie' und *N.* 'Hawera' (alle klar gelb), während *N.* 'Shining Light' gelbe Blütenblätter und einen leuchtend orangefarbenen Innenkelch besitzt.

Tulpen gibt es in vielen Gelb-, Rot- und Orangetönen. Zu den besten für den Kübelgarten gehören die niedrigeren Sorten wie *Tulipa praestans* 'Fusilier', 'Red Riding Hood' und 'Unicum' (alle rot), *T. linifolia* Batalinii-Gruppe 'Bright Gem' und 'Yellow Gem' (gelb) sowie *T.* 'Orange Monarch' und 'Shakespeare' (orange). Wer zweifarbige Blüten schätzt, könnte sich für *T. clusiana* var. *chrysantha* (rot-gelb) oder 'Keizerskroon' (rot mit gelbem Rand) entscheiden.

◀ *Ein leuchtendes Arrangement aus Einjährigen. Die weißen Petunien betonen die intensiven Rot- und Violetttöne und bringen zugleich Ruhe.*

Besonders attraktive Pflanzenkombinationen in warmen Farben sind auch mit verschiedenen Tulpensorten möglich, die nach Sorten getrennt in Einzelkübel gepflanzt werden. Um möglichst sicherzugehen, dass die Pflanzen annähernd zur gleichen Zeit blühen, sollten alle der gleichen Gruppe angehören.

Knollen und Zwiebeln für feurige Sommerkübel

Sehr gut geeignet für einen Kübel in warmen Farben sind auch Montbretien *(Crocosmia)*, etwa 'Lucifer' (rot) und 'Golden Fleece' (gelb). Allerdings können Montbretien 1–1,20 m hoch werden und brauchen eine Stütze. Taglilien *(Hemerocallis)* bleiben niedriger und sind daher besser geeignet. Die Sorten 'Red Joy', 'Red Rum' und 'Stafford' blühen rot, 'Golden Chimes', 'Little Rainbow' und 'Nova' gelb, 'Francis Joiner' und *H. fulva* 'Flore pleno' orangefarben. Taglilien blühen im Hochsommer. Einige Sorten sind immergrün und dienen auch im Winter als Blickfang im Garten.

Herbstleuchten mit Dahlien

Ein ausgezeichnetes Knollengewächs für den Kübel ist auch die Dahlie. Dahlienknollen müssen im Herbst vor dem ersten Frost ausgegraben und an einem kühlen, frostfreien Platz überwintert werden. Sie eignen sich als idealer Pflanzpartner für Tulpen, wenn man beispielsweise einmal im Frühling und einmal im Herbst ein warm leuchtendes Farbarrangement präsentieren möchte. Die Tulpen werden nach der Blüte aus dem Kübel genommen und in einem unbenutzten Gefäß beiseite gestellt, bis das Laub eingezogen ist. Im Herbst können die Zwiebeln wieder eingepflanzt werden. Die Dahlien werden im späten Frühling gepflanzt, also nach der Tulpenblüte. Schöne Dahliensorten in warmen Farben sind 'Bishop of Llandaff', 'Christopher Taylor' und 'Rothesay Superb' (rot), 'Sunny Yellow', 'Lady Sunshine' und 'Ruskin Diane' (gelb) sowie 'Gateshead Festival' und 'Wiggles' (orange). Daneben gibt es unzählige andere Sorten. Manche der genannten Sorten werden bis zu 1,20 m hoch und müssen gestützt werden. Zwergwüchsige Dahlien werden normalerweise einjährig kultiviert.

▲ *Kreisförmig angeordnete Tulpen in leuchtenden Farben sehen hinreißend aus, müssen aber sehr sorgfältig gepflanzt werden. Bedenken Sie bei der Auswahl, dass es 15 Gruppen von Tulpen mit unterschiedlichen Blütenformen, Höhen und Blühperioden gibt.*

◀ *'Paul's Lemon Pillar' ist eine beliebte Kletterrose, die oft an Pergolen gezogen wird. Die gefüllten Blüten sind gelblich weiß und verströmen einen frischen Duft.*

Warme Farben im Sommer – Kletterpflanzen und Stauden

Wer von roten und orangefarbenen Blüten für den Sommer spricht, meint fast automatisch die Einjährigen. Rote Pelargonien stehen ganz oben auf der Beliebtheitsskala, dicht gefolgt vom Fleißigen Lieschen. In größere Gefäße passen aber auch stattlichere Pflanzen, und man sollte bei der Planung eines Kübelgartens auch einige Highlights vorsehen.

Kletterpflanzen für den Kübelgarten

Die beliebteste Kletterpflanze ist die Rose. Wo es möglich ist, sollte man eine Kletterrose an einer Wand ziehen. Die meisten Sorten gedeihen gut im Kübel, sofern sie mit ausreichend Dünger versorgt werden. Prüfen Sie zuerst, wie groß der verfügbare Platz ist und wie viele Sonnenstunden er bekommt. Kaufen Sie keine Rambler-Rose, die schnell enorme Ausmaße einnehmen kann und dann nicht mehr von allen Seiten zugänglich ist. Denken Sie auch an die Stacheln – nur die rosafarben blühende Sorte 'Zéphirine Drouhin' ist völlig stachellos. Für einen Garten in warmen Farben bieten sich an: 'Climbing Ena Harkness' (scharlachrot), 'Paul's Scarlet Climber' und 'Parkdirektor Riggers' (karminrot), 'Golden Showers' (goldgelb und für eine Nordwand geeignet), 'Maigold' (gelborange/Nordwand), 'Gloire de Dijon' (mattgelb) sowie 'Paul's Lemon Pillar' (hellgelb).

Rote und gelbe Clematis

Clematis sind schöne Kletterpflanzen. Die meisten Sorten blühen in Blau- und Violetttönen, gelbe und rote Blüten sind eher selten zu finden. Unter den großblütigen Sorten empfehlen sich 'Guernsey Cream' (cremeweiß bis gelb) sowie 'Rouge Cardinal', 'Niobe', 'Mme Edouard André', 'Ville de Lyon' und 'Vino' in verschiedenen Rottönen. Alle blühen vom Hochsommer an. Unter den kleinblütigen Sorten eignen sich *C. alpina* 'Constance' (rot), *C. macropetala* 'Rosy O'Grady' (intensives Pink) und *C. viticella* 'Mme Julia Correvon' (weinrot). Zu den schönsten gelb blühenden Clematis gehören *C. orientalis* und *C. tangutica*, die vom Spätsommer bis zum Herbst blühen.

▲ *Rote Pelargonien, eingerahmt von Fleißigen Lieschen. Die Kombination wirkt sanfter, wenn man rosafarbene Pflanzen dazusetzt.*

Gelbe Wandsträucher

Wer ausreichend große Kübel besitzt und warme Farben wünscht, sollte zwei ungewöhnliche Sträucher kennen: *Fremontodendron* 'Californian Glory' und Ginster *(Cytisus battandieri)*. Beide brauchen eine Südwest- oder Südwand und reichlich Sonne. Für farbliche Abwechslung sorgt Feuerdorn *(Pyracantha)*, den man sehr gut in ein Hochbeet pflanzen und an der Wand erziehen kann. Weil er immergrün und dornig ist, eignet er sich auch als wehrhafte Hecke. Im Spätfrühling trägt er weiße Blüten, besonders attraktiv sind aber die Trauben roter, gelber oder orangefarbener Beeren im Herbst, die den ganzen Winter lang halten.

Auch die Zierquitte *(Chaenomeles speciosa)* und ihre vielen Sorten sind dornig. Im zeitigen Frühling erscheinen noch vor den Blättern ihre roten Blüten. Die Schönmalve *(Abutilon megapotamicum)* ist ein immergrüner Strauch, der hängende Blüten in Gelb oder Rot trägt.

Nachdem Sie die Entscheidung für eine Kletterpflanze oder einen Wandstrauch gefällt haben, können Sie die übrige Bepflanzung planen. Auf die leuchtend rote Fackellilie sollten sie besser verzichten, denn sie nimmt sehr viel Platz ein und breitet sich aggressiv aus. Auch Mohn ist keine gute Wahl, weil die Blütezeit nur sehr kurz ist. Gut geeignet ist dagegen der Sonnenhut *(Rudbeckia laciniata)* 'Goldquelle' mit kompaktem Wuchs und klargelben dichten Blüten. Das Rot von Prachtsalbei *(Salvia splendens)* ist unvergleichlich und für jeden Garten ein Muss.

▲ *Wer genug Platz hat, kann zwei Kletterrosen nebeneinander setzen. 'Golden Showers' blüht üppig und gelb, 'Ena Harkness' blüht rot.*

▼ *Die Clematis 'Mme Julia Correvon' blüht vom Hochsommer bis zum Frühherbst. Sie hat einfache, weinrote Blüten mit langen Staubgefäßen.*

Kühle Farben

Blau und Weiß sind die idealen Farben für eine kühl anmutende Pflanzenkombination. Als Ergänzung eignen sich grau- und silberlaubige Arten. Diese Farben verwandeln den Garten im Sommer in einen ruhigen, friedlichen Ort. Blasse Farben sehen vor dunklem Hintergrund am schönsten aus.

Bepflanzung mit Blau

Mit blauen Pflanzen sind viele Gestaltungsmöglichkeiten denkbar. In einen traditionellen Gartenbeet kann man blau blühende Arten wie *Anchusa* oder Rittersporn *(Delphinium)* als Kontrast zu leuchtend rotem Mohn *(Papaver)* einsetzen. Im Spätfrühling könnten rote Tulpen aus einem Beet mit blauen Traubenhyazinthen *(Muscari)* herausragen. Solche kontrastreichen Primärfarben sehen effektvoll aus, wirken aber etwas unruhig. In einem beengten Kübelgarten sollte man auf solche Extravaganzen besser verzichten.

In den ersten Monaten des Jahres lassen sich blau-weiße Kombinationen leicht mit Zwiebelblumen gestalten. Beispielsweise sieht ein Kübel mit abwechselnd gesetzten blauen und weißen Hyazinthen *(Hyacinthus)* zauberhaft aus und duftet obendrein betörend. Die schweren Blüten müssen allerdings gestützt werden. Verschiedene Winterheide-Arten wie *Erica carnea* und *E.* × *darleyensis* sind auch mit weißen Blüten erhältlich. Man kann sie sehr gut mit blauen Krokussen kombinieren, etwa *Crocus chrysanthus* 'Blue Pearl', *C. c.* 'Ladykiller', *C. tommasinianus* und *C. vernus* 'Pickwick'. Sie alle blühen, wenn der Winter gar kein Ende zu nehmen scheint und frische Farben besonders willkommen sind. Wer für Heidekraut keinen Kübel mit Spezialsubstrat füllen mag, sollte deshalb auf Heide verzichten. Reizvoll ist Schneeglanz *(Chionodoxa luciliae* Gigantea-Gruppe). *C. gigantea* hat blaue Blüten mit weißen Streifen, *C. g. alba* blüht weiß.

Wer auch größere Kübel besitzt und ein breiteres Spektrum von Pflanzen ziehen möchte, könnte einige Koniferen erwägen. *Chamaecyparis lawsoniana* 'Barry's Silver' ist eine grüne Art, deren junge Triebe im Sommer silbrig weiß schim-

◀ *Eine bezaubernde Mischung von Frühlingsblüten. Für mehr Abwechslung sorgen eventuell die gefleckten Stiefmütterchen 'Freckles' und die schwarze Sorte 'Molly Sanderson'.*

mern. *Picea glauca* 'Alberta Blue' hat rauchig graublaue Nadeln, *Juniperus communis* 'Compressa' ist grün und passt gut in den Steingarten. Alle geben dem Garten rund ums Jahr Farbe und Struktur. Zwergnarzissen wie die gelbe Sorte 'Jumblie' sorgen für sonnige Akzente. Man kann sie gut gemeinsam mit anderen Zwergnarzissen in anderen Farben kombinieren, die zur gleichen Zeit blühen. 'Jack Snipe' hat weiße Blüten mit leuchtend gelbem Innenkelch, 'Jenny' dagegen ist nahezu schneeweiß.

Etwa um die gleiche Zeit erscheinen die blauen Blüten des Schneeglanz *(Chionodoxa)* und des Sibirischen Blausterns *(Scilla siberica)*. Traubenhyazinthen *(Muscari)* blühen etwas später. Ein guter Tipp sind auch Knolleniris *(Iris reticulata)*, die schon früh im Jahr blühen. 'Harmony' und 'Joyce' tragen intensiv blaue Blüten mit einem Tupfer Gelb.

Polster aus Steinkraut *(Alyssum)* und Schleifenblume *(Iberis)* tragen weiße Blüten bis in den frühen Sommer. Der ideale Partner dazu ist Blaukissen *(Aubrieta)*, das vom Kübelrand herabhängt. Der Nachteil solcher Kombinationen ist das kahle Laub der Zwiebelblumen. Weil die Zwiebeln den Blättern Nährstoffe zum Überdauern der Ruhezeit entziehen, darf man es nicht vorzeitig abschneiden. Das muss man entweder in Kauf nehmen oder die Zwiebeln ausgraben und zwischenlagern.

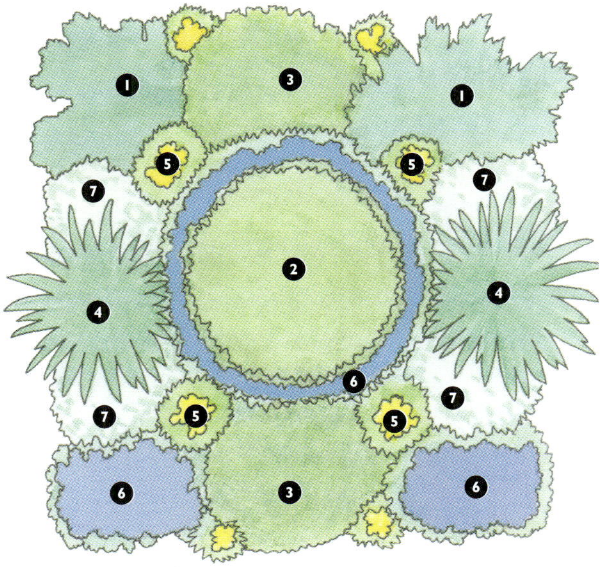

◀ *Koniferen bilden das Rückgrat dieses Arrangements in Grün, Blau und Gelb.*

1 *Cedrus deodora* 'Feelin' Blue'
2 *Chamaecyparis lawsoniana*
3 *Picea pungens* 'Globosa'
4 *Thuja orientalis* 'Raffles'
5 *Narcissus* 'Jumblie'
6 *Muscari armeniacum*
7 *Iberis saxatilis*

▶ *Dunkles Violett, blasses Gelb, Weiß, Grün und Silber bilden die Farbpalette rund um einen alten Schornsteinkopf.*

Blau und Weiß

Blüten in Blau und Weiß, gelegentlich mit etwas Gelb belebt, wirken vor allem im Frühling erfrischend, ehe die Sommerblumen ihre Blüten öffnen. So eine zarte Kombination sollte in keinem Kübelgarten fehlen. Später im Jahr kann man kühle Sommerbeete mit blauem Rittersporn oder winterhartem Storchschnabel gestalten, vielleicht vor einem Hintergrund aus 2 m hoher, nach Honig duftender *Crambe cordifolia*, blauen und weißen Iris und – im Spätsommer – blauen, violetten und weißen Glattblattastern *(Aster novi-belgii)*, die eine besänftigende Wirkung auf die goldenen Feuerfarben des Herbstes haben. Im Kübelgarten ist es natürlich schwierig, solche Pflanzen einzusetzen, weil sie viel Platz einnehmen oder sehr tief wurzeln. Verzichten Sie auf diese Pflanzen, wenn Sie kein geräumiges Hochbeet haben.

Schmucklilien

Natürlich gibt es eine Reihe von guten Alternativen. Für einen sonnigen Garten oder eine Terrasse in einer milden Gegend bietet sich die Schmucklilie *(Agapanthus)* an. Sie gedeiht sehr gut im Kübel, braucht aber eine Stütze. Besonders robust sind die Headbourne-Hybriden, die in vielen Gärtnereien erhältlich sind. 'Bressingham Blue' ist eine weitere beliebte Zuchtform mit dunkelvioletten Blüten. Rahmen Sie die Schmucklilie mit zwei gleichartigen, aber niedrigeren Kübeln ein und pflanzen Sie in jeden eine weiße Zistrose. *Cistus* × *cyprius* ist zu Recht beliebt, denn jedes der weißen Blütenblätter hat in der Mitte einen dunkelroten Fleck. *Cistus* × *corbariensis* hat reinweiße Blüten mit gelben Staubgefäßen. Zistrosen blühen vom Frühsommer bis zum Spätsommer, also etwas früher als die Schmucklilien.

◀ *Das Mauve von Petunien, Verbenen und Salbei wird von dem Weiß der Margeriten getragen.*

▶ *Schmucklilien (Agapanthus) gedeihen gut im Kübel. Headbourne-Hybriden blühen blau, 'Bressingham White' ist eine weiße Sorte.*

Vielseitiger Storchschnabel

Sehr hübsche Kombinationen sind auch mit verschiedenen winterharten Storchschnabelarten *(Geranium)* möglich. Die Gattung ist sehr groß und einige Arten sind für den Kübelgarten zu evasiv. Die meisten kleineren Arten sind jedoch sehr empfehlenswert, weil sie über Monate zierliche Blüten tragen. Weil die Blühtermine der Storchschnäbel stark variieren, besteht die größte Schwierigkeit darin, Arten zu finden, die um die gleiche Zeit blühen. *Geranium wallichinaum* 'Buxton's Variety' mit den himmelblauen, innen weiß geäderten Blüten ist aus gutem Grund ein Favorit. In einfachen Gärtnereien ist er nur selten zu finden, zudem blüht er erst vom Spätsommer an bis in den Herbst. *Geranium clarkei* 'Kashmir Blue' hat hellblaue Blüten und *G. c.* 'Kashmir White' trägt weiße Blüten mir feinen rosafarbenen Adern. Beide wachsen eher langsam und beginnen schon im Frühsommer zu blühen. Eine gute Wahl für den Kübel ist auch *G. sanguineum* 'Album', das den ganzen Sommer lang weiße Blüten trägt. *G. renardii* öffnet seine weißen bis hellen lavendelblauen Blüten mit intensiv violetten Adern im Frühsommer. *G. pratense* 'Striatum' ist etwas größer und trägt im Hochsommer weiße Blüten mit blauen Streifen. Diese überwiegend weißen Sorten eignen sich sehr gut zum Kombinieren mit den hübschen blauen und violetten Arten wie *G.* 'Johnson's Blue', dem wahrscheinlich bekanntesten Gartenstorchschnabel. Wärmer wird das Ensemble, wenn man eine der sanft rosafarben blühenden Sorten wie *G. clarkei* 'Kashmir Pink' hinzufügt.

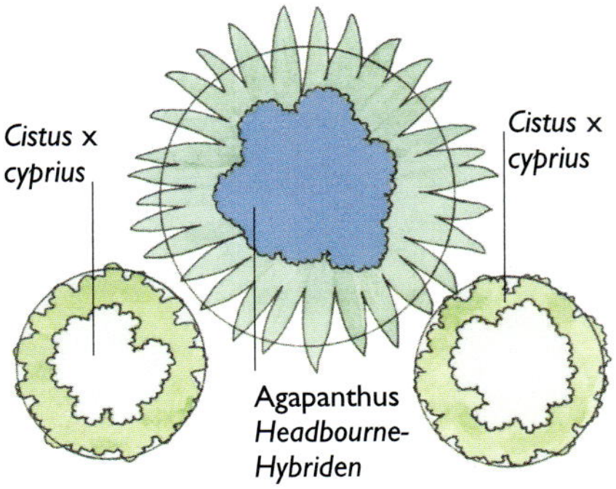

▲ *Gruppierung – ganz einfach: Jeder Kübel wird mit nur einer Farbe bepflanzt. Dann können die Kübel nach Belieben kombiniert werden.*

Im Sommer lässt sich das blau-weiße Farbschema auch durch Kletterpflanzen ergänzen. Weiße Kletterrosen, die sich auch für kleine Gärten eignen, sind beispielsweise die langsam wachsende 'White Cockade' mit ihren elegant geformten, fein duftenden Blüten, oder 'Mme Plantier', eine stark wachsende Kletterrose mit gefüllten Blüten.

Zu den großblumigen Clematis, die vom Hochsommer an weiße Blüten tragen, gehören *C.* 'Henryi', 'Gillian Blades' und 'John Huxtable'. Unter den blau blühenden Sorten sind 'General Sikorski', 'H. F. Young' und natürlich die bekannte 'Jackmanii Superba' nennenswert, wenngleich es viele weitere schöne Sorten gibt.

Von Rosa bis Rot

Warme oder kühle Farben können für sich betrachtet reizvoll sein. Für den Durchschnittsgarten ist aber eine Mischung verschiedener Farben die bevorzugte Wahl. Wichtig ist dabei, dass die Farben und Akzente einander möglichst rund ums Jahr lückenlos ablösen.

▲ *Eine Kombination aus Stiefmütterchen, Heidekraut und Ranunkeln in Rosatönen. Der Buchs gibt einen ruhigen Hintergrund ab.*

Die Wirkung weißer Blüten

Weiß hat zweierlei Wirkung. Einerseits wirkt es besänftigend und harmonisierend auf andere Pflanzen. Rot, Gelb und Blau vertragen sich besser miteinander, wenn dazwischen weiße Blüten leuchten. Daneben hebt und betont Weiß aber auch die Wirkung aller anderen Farben. Generell sollte man versuchen, in jede Gruppe eine Pflanze mit intensiverer Färbung zu setzen. Eine Gruppe hellfliederfarbener Blüten kann etwas fade aussehen. Pflanzt man eine dunkelrote Rose in ihre Mitte, wirkt das Ensemble gleich viel markanter.

Einige Farbkombinationen sind besonders geschickt. Meist liegen die Farben im gleichen Viertel des Farbkreises. Blau, Rosa und Weiß sind eine schöne Kombination. Durch einige Akzente in Gelb wirkt die Gruppe lebhafter – falls das Gelb nicht zu intensiv ist. Ähnlich gelungen wirkt die Kombination aus Creme- und Orangetönen oder eine Mischung von Rot- und Rosatönen. Die Harmonie aus Grün, Gelb und Weiß wirkt frisch und freundlich.

Manche Farbkombinationen bieten sich zu bestimmten Jahreszeiten besonders an. Im Frühling findet man viele blaue und gelbe Blüten, während Rosa und Rot noch selten zu sehen sind. Im Sommer dagegen herrschen Rosa, Pink, Mauve, Rot und Weiß vor, sodass sich Gruppen in diesen Tönen problemlos zusammenstellen lassen. Für den Kübelgarten muss nun nur noch bedacht werden, ob die gewünschten Pflanzen in engen Gefäßen gedeihen.

Frühlingsgarten in Rosa, Weiß und Rot

Zu den schönsten zierlichen Bäumen für den Kübelgarten gehört die Kamelie. Eine rosa, weiß oder rot blühende Sorte bietet sich als Mittelpunkt für ein Farbschema in Rosatönen an. Kamelien bevorzugen einen schattigen Standort. Mit ihren glänzenden, dunkelgrünen Blättern sind sie auch dann noch attraktiv, wenn die Blüten verwelkt sind. Einige Sorten vertragen zwar leicht kalkhaltigen Boden, die meisten jedoch gedeihen nur in saurem Substrat. Wenn Sie also eine Kamelie halten möchten und alkalischen Boden im Garten haben, bleibt Ihnen keine andere Wahl, als sie in einen Kübel mit Moorbeetsubstrat zu pflanzen. Zudem sollten Sie zum Gießen möglichst Regenwasser verwenden, denn auch Leitungswasser kann viel Kalk enthalten.

Es gibt eine große Auswahl geeigneter Kamelien. Alle stammen aus zwei Gruppen, den *japonica*-Hybriden und den × *williamsii*-Hybriden. Kamelien können mit der Zeit zu groß für ihren Kübel werden, doch sie wachsen sehr langsam und vertragen auch einen Rückschnitt gut. Attraktive Sorten mit rosafarbenen Blüten sind 'Akashigata' ('Lady Clare'), 'Brigadoon', 'Helen's Ballerina', 'Ave Maria', 'Lady Loch', 'Lasca Beauty' und 'Spring Festival'. Als weiße Sorten empfehlen sich 'Lovelight', 'Janet Waterhouse', 'White Nun' und 'Charlie Bettes'. Schöne, rot blühende Sorten sind 'Adolphe Audusson', 'R. L. Wheeler', 'Coquetti' und 'Royal Velvet'. Als zarte Kombination für den Frühling könnte man drei Kamelien in separaten Kübeln mit einer Unterpflanzung aus weißen Anemonen *(Anemone blanda* 'White Splendour') aufstellen. Ebenso hübsch sieht die rosa blühende Anemone 'Charmer' aus. Auch Primeln sind als Unterpflanzung gut geeignet. Sie sind in vielen Schattierungen von Weiß über Rosa bis zu rötlichem Violett erhältlich. *P. vulgaris* 'Cottage White' blüht weiß.

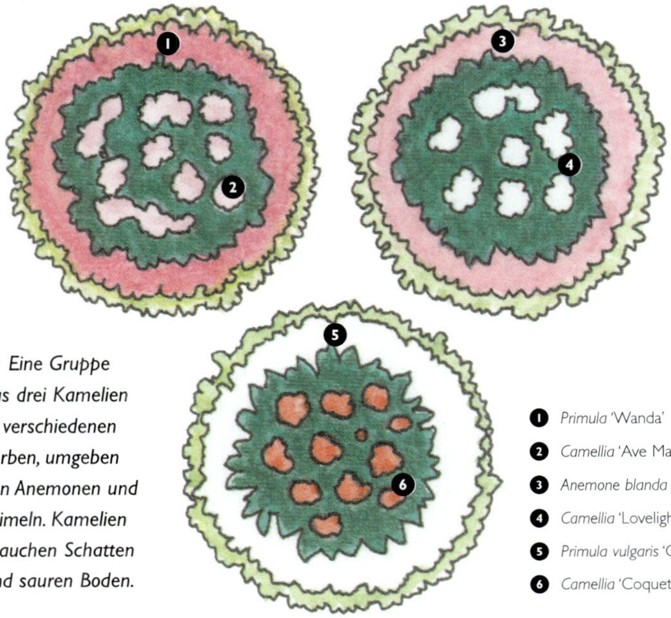

▶ *Eine Gruppe aus drei Kamelien in verschiedenen Farben, umgeben von Anemonen und Primeln. Kamelien brauchen Schatten und sauren Boden.*

1. *Primula* 'Wanda'
2. *Camellia* 'Ave Maria'
3. *Anemone blanda* 'Charmer'
4. *Camellia* 'Lovelight'
5. *Primula vulgaris* 'Cottage White'
6. *Camellia* 'Coquetti'

▶ *Ein fantasievolles Arrangement aus weißen und pinkfarbenen Fleißigen Lieschen vor einem Hintergrund aus cremefarbenen Astilben.*

Jahreszeitenthemen

Ein wirklich gelungener Garten ist zu jeder Jahreszeit eine Augenweide. Im Sommer quellen Blumenkästen in allen Farben über, im Frühherbst können besonders junge immergrüne Sträucher mit panaschierten Blättern oder buntblättrige Minikoniferen darin zu ihrer Wirkung kommen. Auch Blumenampeln mit buschigen und hängenden Blütenzweigen sind im Sommer besonders schön.

Winter

Es gibt viele Pflanzen, die auch im winterlichen Kübelgarten beeindrucken: Immergrüne, Sträucher mit Beerenschmuck, blühende Sträucher, frühe Zwiebelblumen und vor allem Ein- und Zweijährige, die speziell um diese Zeit blühen. Am besten reserviert man für sie einen oder zwei Kübel.

Immergrüne im Garten – Koniferen

Die beliebtesten und geeignetsten immergrünen Bäume für den Kübel sind Koniferen. Ihr breites Farbspektrum reicht von Blaugrau oder Grün bis Gelb,

▲ *Koniferen sind im Winter ein Blickfang. Es gibt gelbe, blaue und grüne Sorten. Manche verändern im Laufe des Jahres ihre Färbung.*

zudem werden viele Zwergformen angeboten, die auch nach Jahren nicht höher als etwa 1,8 m werden. Wem die Färbungen anderer Arten besonders gut gefallen, der sollte sich in einer guten Gärtnerei nach ihrer Wuchsfreude erkundigen. Manche können zwar unter optimalen Bedingungen 12–15 m hoch werden, wachsen aber in einem normalen Garten eher langsam und erreichen in 10 Jahren nur 3 m Höhe. Und wachsen sie doch schneller als erwartet, kann man sie immer noch austauschen. Das gilt beispielsweise für die schönen, blaustichigen Arten *Picea pungens* 'Koster' und *Chamaecyparis lawsoniana* 'Pembury Blue', die aus gutem Grund beliebt sind. Wer kein Risiko eingehen will, wählt besser eine der folgenden Arten.

Aufrechter, konischer Wuchs – *Juniperus communis* 'Compressa' (grün), 'Gold Cone', 'Golden Showers' (grün-gold) oder 'Hibernica' (graugrün).

Niedriger, breiter Wuchs – *J.* × *media* 'Golden Saucer' (gelb), 'Pfitzeriana' (grün) und *J. horizontalis* 'Douglasii' (blaugrau).

Konisch-rundlicher Wuchs – *Chamaecyparis lawsoniana* 'Barry's Silver' (silbergrau), *C. l.* 'Minima' (grün), *Taxus baccata* 'Aurea' und *Thuja occidentalis* 'Rheingold' (beide goldgelb).

Immergrüne und Sträucher mit Winterblüte

Hier sind zuerst die Kamelien zu nennen, vor allem die Zuchtformen von *Camellia japonica* und *C.* × *williamsii*. Es sind attraktive immergrüne Sträucher oder kleine Bäume mit glänzenden Blättern und wunderschönen, oft gefüllten Blüten in Rot, Rosa oder Weiß. Kamelien wachsen langsam und können beschnitten werden, wenn sie zu groß werden. Sie benötigen einen schattigen oder halbschattigen Platz und sauren Boden. Attraktive rosafarbene Sorten sind 'Akashigata' ('Lady Clare'), 'Brigadoon', 'Helen's Ballerina', 'Ave Maria', 'Lady Loch', 'Lasca Beauty' und 'Spring Festival'. Weiße Blüten tragen 'Lovelight', 'Janet Waterhouse', 'White Nun' und 'Charlie Bettes'. Rot blühen 'Adolphe Audusson' und 'R. L. Wheeler'.

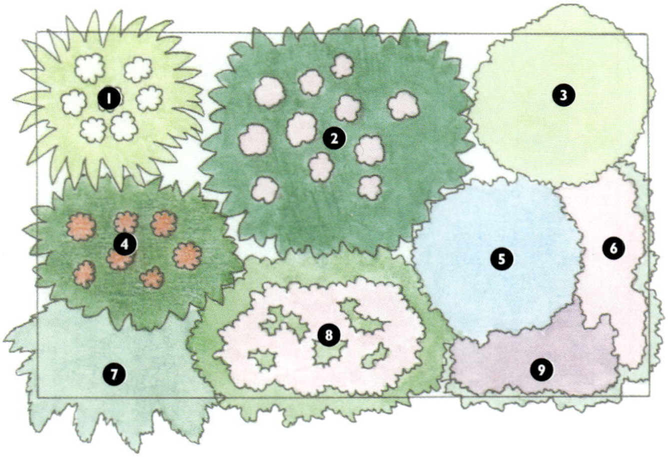

◀ Winterblühende Sträucher

1. *Camellia* 'Lovelight'
2. *Camellia* 'Brigadoon'
3. *Elaeagnus × ebbingei*
4. *Camellia* 'R. L. Wheeler'
5. *Daphne cneorum*
6. *Erica carnea* 'Springwood Pink'
7. *Daphne odorata*
8. *Erica carnea* 'December Red'
9. *Erica carnea* 'Vivelli'

Seidelbast *(Daphne)*: Diese Gruppe teils immergrüner, teils sommergrüner Sträucher ist vor allem wegen der stark duftenden Blüten beliebt. Empfehlenswert sind die Sorten *Daphne cneorum* (immergrün mit rosaroten Blüten im Frühling), *D. mezereum* (sommergrün mit intensiv duftenden Blüten vom Spätwinter bis Frühling) und die leicht frostempfindliche Art *D. odora* (immergrün mit stark duftenden Blüten).

Die Ölweide *(Elaeagnus × ebbingei)* und ihre Zuchtformen sind immergrün und wegen ihrer gelb-grün gesprenkelten Blätter beliebt. Im Herbst tragen sie unscheinbare, weiße Blüten. Sie können zu groß für den Kübel werden, sodass sie ersetzt werden müssen, doch bis dahin vergehen einige Jahre.

Winterheide *(Erica carnea* und *E. × darleyensis)* ist bei Kübelgärtnern besonders beliebt. Die meisten Arten benötigen sauren Boden, nur wenige tolerieren auch einen gewissen Kalkgehalt, sofern der Boden nicht lehmig ist. Das Spektrum der Blütenfarben reicht von Pink über Rosa bis Weiß. Die Sorten *E. c.* 'Springwood Pink' und 'Springwood White' haben einen hängenden Wuchs und eignen sich gut für Balkonkästen.

Feuerdorn *(Pyracantha)* ist ein ausgezeichneter immergrüner Wandstrauch, dessen einziger Nachteil die langen Dornen an den Zweigen sind. Seine besondere Attraktion sind die Beeren, die je nach Sorte im Winter rot, orange oder gelb leuchten. Im Frühling trägt die Pflanze weiße Blüten.

Die Skimmie *(Skimmia japonica)* ist ebenfalls ein immergrüner Strauch. Die zwergwüchsige Sorte 'Bowles' Dwarf' eignet sich gut für den Kübel, allerdings sind weibliche und männliche Pflanzen erforderlich, damit Blüten und Früchte gebildet werden. Skimmien tragen während des ganzen Winters rote Beeren.

▶ *Manche Zwergkoniferen sind wirklich winzig und wachsen sehr langsam. Sie eignen sich auch für kleinere Kübel.*

◀ *Die Nieswurz-Art Helleborus lividus trägt früh im Jahr hellgrüne Blüten. Alle Helleborusarten sind giftig und darum für den Familiengarten nur bedingt geeignet.*

Weiß, Rosa, zartem Gelb oder Hellgrün, je nach Sorte. Häufig sind die Blüten zusätzlich auf der Innenseite interessant mit Flecken und Linien gezeichnet. Alle bevorzugen den Halbschatten, die Stinkende Nieswurz *(H. foetidus)* gedeiht auch im tiefen Schatten.

Iris unguicularis ist eine **Rhizomiris**, die zeitig im Jahr blauviolette Blüten an kurzen Stielen trägt. Ihre schlanken Blätter sind immergrün. Weil diese Art sich stark ausbreitet, sollte sie allein in einem Kübel stehen. Nach 3–5 Jahren sollte man die Rhizome ausgraben und die alten Teile aus der Mitte entfernen.

Clematis cirrhosa ist eine immergrüne Kletterpflanze, deren grüne Blätter bronzefarbene Unterseiten haben. Im Spätwinter und zeitigen Frühling trägt sie kleine, schalenförmige Blüten in Cremeweiß. Die Art *C. balearica* hat duftende, cremefarbene Blüten mit rot getupfter Innenseite, 'Freckles' hat creme- bis rosafarbene Blüten.

Efeu *(Hedera)* bildet im Kübelgarten einen schönen, immergrünen Hintergrund. Zu den besten Arten gehört der kanarische Efeu *(H. canariensis)*, der jedoch etwas frostempfindlich ist, sowie der gemeine Efeu *Hedera helix*. Attraktiv sind auch *H. h.* 'Gloire de Marengo' mit goldgelb gesprenkelten Blättern, *H. h.* 'Anne Marie' mit weiß umrandeten Blättern und *H. h.* 'Atropurpurea' mit bronzegrünen Blättern. Daneben gibt es viele andere gute Gartensorten.

Winterjasmin *(Jasminum nudiflorum)* ist ein ausgezeichneter Wandstrauch, der jedoch nicht selbst klimmen kann. Er hat lang herabhängende grüne Triebe und trägt im Spätwinter und Frühling noch vor den Blättern leuchtend gelbe Blüten. Abgestorbene Triebe werden entfernt, blühende nach der Blüte gekürzt.

Stauden für den Winter

Der Name der **Christrose** *(Helleborus niger)* ist etwas verwirrend, weil ihre Blüten selten termingemäß erscheinen. Davon abgesehen sind die Nieswurzarten, wie auch die Lenzrose *(Helleborus orientalis)* aber wunderschöne Winterstauden mit üppigen Gruppen aus Blüten in

Frühe Zwiebelblumen

Schneeglöckchen (*Galanthus* spp.) blühen schon früh im neuen Jahr, ihre Hauptblütezeit liegt im Februar. Der Märzenbecher *(Leucojum vernum)* ähnelt dem Schneeglöckchen, die Blüten sind

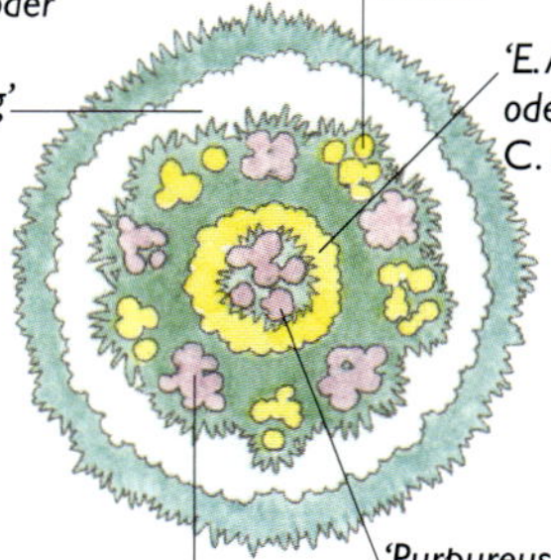

▲ *Skizze für eine kreisförmige Pflanzung aus Krokussen in mehreren Farben. Pflanzen Sie die Zwiebeln recht dicht.*

▶ *Eine Gruppe von Kletterpflanzen und niedrigeren Gewächsen, die früh im Jahr für Farbe sorgen. Winterjasmin blüht an den unbelaubten Zweigen. Nach der Blüte wird er zurückgeschnitten.*

1. *Clematis cirrhosa* 'Freckles'
2. *Jasminum nudiflorum*
3. *Helleborus argutifolius*
4. *Crocus* 'Queen of the Blues'
5. *Iris unguicularis*
6. *Hedera helix* 'Anne Marie'
7. *Crocus vernus*

aber größer und erscheinen etwas später. Beide sehen zwar zauberhaft aus, eignen sich aber nicht unbedingt für den Kübelgarten, weil sie im Sommer ungestört bleiben möchten, während das Laub abwelkt, nur dann kann man sicher sein, dass sie im nächsten Jahr wieder blühen. Wer Schneeglöckchen im Kübel halten möchte, sollte sie recht tief pflanzen und mit Krokus-Gruppen kombinieren.

Krokusse sind wesentlich unkomplizierter. Man pflanzt die Zwiebeln im Herbst, dann blühen sie im folgenden Frühling. Holländische Krokusse *(Crocus vernus)* sind besonders schön, etwa die Sorten 'Pickwick' (lila gestreift), 'Jeanne d'Arc' (weiß und violett), 'Vanguard' (helllila) sowie die Hybriden von *C. chrysanthus* 'E. A. Bowles' (gold und bronze), 'Snow Bunting' (weiß) oder 'Gipsy Girl' (gelb und violett).

Der Winterling *(Eranthis hyemalis)* ist ein mehrjähriges Knollengewächs, das sich in alkalischem Boden rasch vermehrt. In saurem Boden gedeiht er nicht. Die gelben Blüten öffnen sich kurz nach den Schneeglöckchen, und vor allem gemeinsam ergeben die beiden Pflanzen ein hübsches Bild, das einen baldigen Frühling ankündigt.

Schließlich gibt es auch Einjährige für den Winter. Vor allem sind die **Primeln** zu nennen. Besonders wichtig sind aber die Stiefmütterchen *(Viola × wittrockiana)*. Ein Kübel sollte ihnen in jedem Garten vorbehalten sein, denn sie blühen vom Herbst durchgehend bis zum Frühling.

▼ *Kleine Iris sehen in einem Kübel im zeitigen Frühling hinreißend aus. Hier die Sorte Iris histroides 'Major' mit intensiv blauen Blüten.*

Frühling

Der Frühling ist für viele die schönste Gartenjahreszeit, doch verlangt er im Kübelgarten etwas Planung. Weil der Platz oft knapp ist, müssen die Gefäße, die im Sommer mit Einjährigen oder Gemüse bepflanzt werden sollen, frei gehalten und eventuell schon vorbereitet werden.

Zwiebelblumen

Die meisten Menschen denken bei Frühling an Zwiebelpflanzen. Narzissen sind sehr beliebt, doch es gibt auch viele andere Zwiebelblüher, die sich für den Kübelgarten gut eignen, etwa Tulpen, Blaustern, Traubenhyazinthen, Hyazinthen, Schneeglanz und den Hundszahn. Wer gut plant, kann die verschiedenen Größen der Zwiebeln optimal ausnutzen und selbst in einem kleinen Kübel ein tolles Arrangement gestalten. So ein Kübel muss im Herbst des Vorjahres bepflanzt werden. Die größten Zwiebeln werden recht tief gepflanzt. Andere Blumenzwiebeln folgen dann in Etagen nach Größe abgestuft, die kleinsten zuoberst. Alle Zwiebeln müssen mit einer Erdschicht bedeckt sein, die mindestens ihrer doppelten Höhe entspricht. Die Blätter der großen Zwiebeln suchen sich ihren Weg zwischen den kleineren.

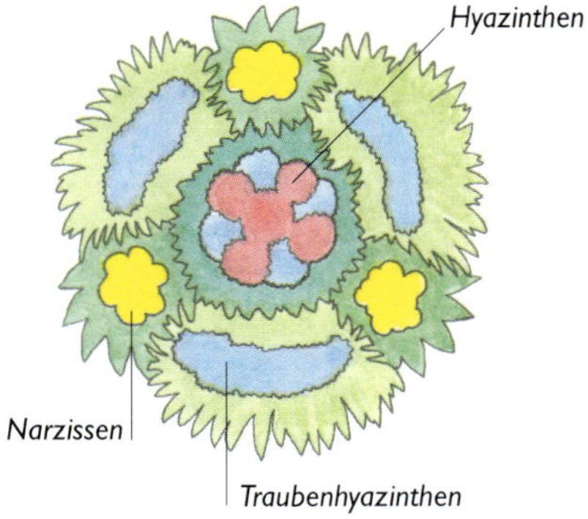

▲ *Pflanzskizze in Primärfarben für den späten Frühling. Noch lebhafter wirkt das Bild mit weißen und orangefarbenen Narzissen.*

◀ *Das dunkle, samtige Violett der Sorte 'Black Swan' erinnert an die Tulpenmanie des 18. Jh. 'Queen of the Night' ist ähnlich dunkel.*

◀ *Die Narzissensorte 'Tête-à-tête' ist für die Kübelpflanzung sehr beliebt und macht auch im Zimmer eine gute Figur.*

Es ist nicht einfach, die Bepflanzung so zu planen, dass alle Arten gemeinsam blühen. Es gibt viele Tulpen- und Narzissenarten mit unterschiedlichen Blühterminen. Generell blühen die Narzissen vor den Tulpen, aber kurz nach Blausternchen und Schneeglanz. Diese wiederum lösen die Krokusse im Kübel ab. Traubenhyazinthen, Hyazinthen und Hundszahn schließlich beenden die Blütenfolge.

Sträucher für die Frühlingsblüte

Angesichts der Frage „Was kann ich für die Frühlingsblüte pflanzen?" sind viele Gärtner nach Blumenzwiebeln und Forsythien mit ihrem Latein am Ende. Dabei gibt es viele Sträucher, die im Frühling blühen, und eine gute Anzahl von ihnen eignet sich für den Kübel. Bei der Planung muss bedacht werden, wie viel Platz zur Verfügung steht und was noch für den Sommer gepflanzt werden soll.

Zu den schönsten blühenden Sträuchern für den Frühling gehören Kamelien und Lavendelheide *(Pieris).* Beide brauchen sauren Boden. Kamelien bevorzugen einen schattigen Platz, Lavendelheide dagegen hat es gern sonnig oder halbschattig. Ihr besonderer Reiz liegt in den anfangs leuchtend roten jungen Blättern und den weißen Blüten. Die bekannteste Art ist *Pieris japonica.* Kamelien und Lavendelheide wachsen langsam genug für den Kübelgarten.

Ein weiterer schöner Strauch für die Frühlingsblüte ist die Radspiere *(Exochorda × macrantha)* 'The Bride', die ebenfalls langsam wächst. Sie bevorzugt neutralen bis leicht sauren Boden und trägt weiße Blüten, die üppig herabhängen.

1. *Scilla siberica*
2. *Muscari armeniaca*
3. *Chionodoxa luciliae*
4. *Narcissus*
5. *Hyacinthus* 'Pink Pearl', 'Innocence'
6. *Tulipa kaufmanniana*
7. *Erythronium* 'Pagoda'
8. *Erythronium revolutum*

▶ *Kübel voller Zwiebelblumen, deren Blütezeit einander ablöst. Denkbar wären Tulpen, Traubenhyazinthen und Narzissen.*

◀ *Clematis macropetala 'Jan Lindmark' blüht früh im Jahr reicher als die Urform, aber im gleichen Violettton. Die Blüten sind ungefüllt.*

Viele **Rhododendren** gedeihen gut im Kübel. Sie blühen vom späten Frühling bis zum Frühsommer und einige von ihnen duften zart. Auch sie benötigen sauren Boden. Empfehlenswerte Sorten sind 'Blue Diamond' (blauviolett), *R. calostratum* (rosarot), 'Cilpiense' (zartrosa), 'Doc' (rosarot), 'Greeting' (orangerot), *R. kiusianum* (rosa bis violett), 'Moerheim' (violettblau), 'Patty Bee' (zitronengelb), 'Kure-no-yuki' (schneeweiß) und 'Vida Brown' (rosarot).

Attraktiv sind auch die **Spiersträucher** *(Spirea japonica)* 'Goldflame' mit bronzerot austreibendem Laub sowie einige **Schneeballarten** *(Viburnum)*. Die meisten Schneebälle werden rasch zu groß für den Kübelgarten, doch der reizende *V. plicatum* 'Mariesii' wächst relativ langsam. *V. p.* 'Roseum' ist ebenfalls ziemlich kompakt und hat eine attraktive, dunkelrote Laubfärbung im Herbst.

Früh blühende Clematis

Die beliebteste zeitig im Jahr blühende **Clematis** ist *C. armandii* mit immergrünem Laub und duftenden Blüten. Allerdings ist sie nur bedingt winterhart und ausgesprochen wüchsig. Wer sie halten möchte, braucht reichlich Platz. Besser für den Kübel geeignet sind die Formen von *C. alpina* und *C. macropetala*, die vom mittleren Frühling bis in den Frühsommer blühen. Sie sind sehr winterhart, vertragen aber keinen nassen Boden. Die meisten Sorten werden nicht größer als etwa 3 m und eignen sich daher ausgezeichnet für den Kübelgarten. Nach der Blüte im Hochsommer sollten sie leicht zurückgeschnitten werden. Ein kräftiger Rückschnitt ist nur fällig, wenn sie für ihr Spalier einmal zu groß geworden sind. Zu den Alpinas mit den einfachen, glockenförmigen Blüten gehören die Sorten 'Frances Rivis' (laternenförmige, mittelblaue Blüten), 'Pink Flamingo' (zartrosa), 'Ruby' (rot mit gelben Staubgefäßen) und 'White Columbine' (weiß). Die Macropetala-Sorten ähneln den Alpinas stark, haben aber scheinbar gefüllte Blüten. Die bekanntesten Sorten sind 'Blue Bird', 'Markham's Pink', 'Rosy O'Grady' und 'White Swan'.

Obstblüte im Frühling

In Japan begeht man im Frühling zum Anlass der Kirschblüte ein traditionelles Fest. Leider gibt es nur wenige Kübelgärten, die groß genug für eine Zierkirsche sind. Selbst die Säulenform *Prunus* 'Amanogawa' wird schnell zu groß und zu breit. So bleibt nur die Lösung, Spalierobst an einem Zaun oder einer Mauer zu ziehen. Die Kirschblüte

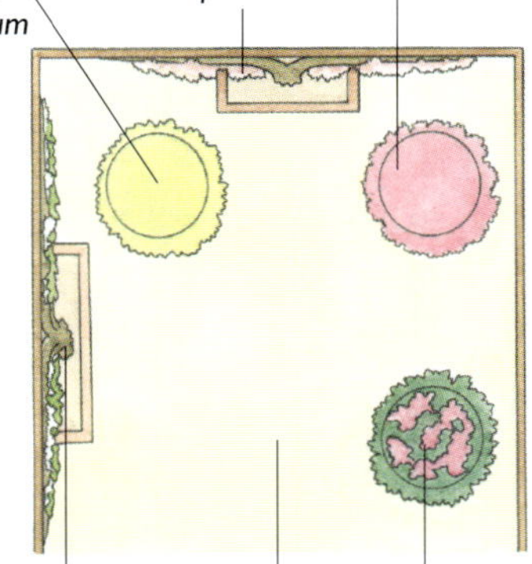

▲ *Auch in einem kleinen Garten ist Platz für Obstbäume in Kübeln. Spalierobst braucht reichlich Wandfläche, um sich auszubreiten.*

▶ *Kleine Obstbäume in Kübeln werfen oft unerwartet gute Erträge ab. Ideal sind Spalier- und Fächerbäume oder säulenwüchsige Arten.*

❶ *Malus domestica* 'Sunset'
❷ Salat
❸ *Malus domestica* 'Discovery'
❹ *Prunus persica* 'Peregrine'

im Frühling ist wirklich eine Pracht. Die ersten Bäume, die Blüten zeigen, sind Pfirsiche und Aprikosen. Ihnen folgen Birnen und etwas später Äpfel. Pfirsich- und Aprikosenbäume tragen ihre Blüten an kahlen Zweigen, noch ehe die Blätter erscheinen. Die Blüten sind ungefüllt und rosafarben oder rot. Birnen schmücken sich mit weißen Blüten, wenn gerade die ersten Blätter sprießen. Pflaumen tragen ihre weißen Blüten etwa zeitgleich mit Birnen, und auch sie beginnen dann gerade mit dem Blattaustrieb. Die Pflaumenblüte ist weniger spektakulär als die der Birnen.

Äpfel haben wahrscheinlich die hübschesten Blüten, schon darum mag kaum ein begeisterter Gärtner auf sie verzichten. Im späteren Frühling brechen die rosafarbenen Knospen auf und entfalten sich zu weißen, rosafarben überhauchten Blüten. Einige Zierapfelsorten haben Blüten in anderen Farben, von reinem Weiß bis zu kräftigem Rosarot.

Stauden im Frühling

Es gibt nicht viele Stauden, die im Frühling blühen. Darum ist es im Kübelgarten besser, sich auf die verlässlichen und hübschen Zwiebeln zu konzentrieren.

Wer genug Platz hat, könnte das Lungenkraut *(Pulmonaria)* ausprobieren, eine der schönsten Frühlingsstauden. Es gibt eine Reihe von Zuchtformen mit verschiedenen Blütenfarben, doch alle haben große, interessant gefleckte Blätter. Die aufrechten Blütenstände mit den rosafarbenen, weißen, blauen, roten und violetten Blüten halten meist mehrere Wochen lang. Lungenkraut gedeiht am besten im Schatten und breitet sich schnell flächig aus.

▶ *Die rosa-weiße Apfelblüte ist besonders zauberhaft. Für die Bestäubung und damit die Ernte sind mindestens zwei Bäume erforderlich.*

Sommer

Im Sommer zeigt sich der Garten von seiner besten Seite. Die Bäume tragen frisches Laub, viele Blumen stehen in Blüte. Im Kübelgarten haben jetzt die Einjährigen ihren großen Auftritt. Wer aber einmal etwas anderes probieren möchte, findet hier eine Reihe von ungewöhnlicheren Pflanzideen.

Zwiebeln und Knollen im Sommer

Die meisten Menschen kennen nur Zwiebelblumen, die im Frühling blühen, doch es gibt auch eine Reihe von Sommerblühern. Weil sie unkompliziert sind und auch im Kübel ausgezeichnet gedeihen, sollte man sie nicht übergehen: Inkalilie *(Alstroemeria* Ligtu-Hybriden), die im Sommer in vielen Pastelltönen blüht, und *Galtonia candicans* sowie *G. viridiflora* mit den weißen, lilienartigen Blüten brauchen einen guten Frostschutz. Gladiolen *(Gladiolus)* sind ebenfalls beliebt und in vielen Größen und Farben zu haben. Jakobslilien *(Sprekelia formosissima)* haben im Frühsommer schöne, rote Blüten, brauchen aber einen Platz an einer warmen Südwand und einen Winterschutz. Die Tigerblume *(Tigridia pavonia)* ähnelt mit ihren exotisch gefleckten Blüten in Gelb-, Orange- und Rottönen einer Orchidee.

◀ *Kletterpflanzen und Sträucher in verschiedenen Rot-, Rosa- und Violetttönen als Gruppe an einem sonnigen Standort. Einige weiße Blüten bringen die übrigen Farben erst richtig zum Leuchten.*

◀ *Die Lilie 'Sun Ray' ist eine recht niedrige Sorte mit leuchtend gelben, braun getupften Blüten. Sie gedeiht gut im Kübel, duftet aber nicht.*

Lilien

Die Gattung der Lilien umfasst mehr als 100 Arten und zahllose Zuchtformen. Man gliedert sie in sechs Gruppen. Alle müssen rechtzeitig gestützt werden, damit die Stiele schon im Wachstum aufrecht gehalten werden. Man pflanzt die Knollen in tiefe Kübel mit einer nahrhaften Substratmischung aus gleichen Teilen Gartenerde, Torf (oder einem Ersatzprodukt) und Laubkompost. Die Knollen werden mit einer mindestens 8 cm dicken Erdschicht bedeckt. Besonders schön sind die Trompetenlilien, die sich sehr gut für den Kübel eignen, sowie die etwas kleineren asiatischen Lilien. Zu den Trompetenlilien zählt *Lilium speciosum* var. *rubrum* mit rosafarben und rot gefleckten Blüten sowie die Königslilie *L. regale* mit herrlich duftenden weißen Blüten, deren Außenseiten violett gestreift sind. *L. r.* var. *album* hat nahezu schneeweiße Blüten. Auch gelbe und orangefarbene Sorten sind zu finden.

Sommerzwiebeln pflanzen

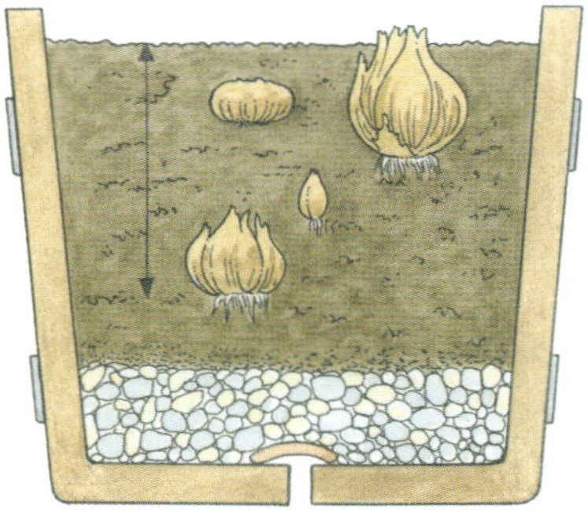

1 Füllen Sie beim Pflanzen der Zwiebeln den Kübel mit frischem Substrat. Die Pflanztiefe einer Zwiebel entspricht ihrer 2½-fachen Höhe.

2 Ein Zwiebelpflanzer ist praktisch. Die meisten haben seitlich eine Maßskala sowie ein Scharnier, um die ausgehobene Erde leicht auszuschütten.

3 Zwiebeln, die im Haus zur Blüte gebracht werden sollen, pflanzt man knapp unter die Substratoberfläche. Das gilt etwa für Hyazinthen und Amaryllis.

Sträucher und Kletterer für den Sommer

Sie sollten der Versuchung widerstehen, den Sommergarten ausschließlich mit Einjährigen zu gestalten. Erst die Vielfalt aus verschiedenen Pflanzen machen einen Garten wirklich interessant.

Zu den Kletterpflanzen, die im Sommer blühen, gehört der Korallenstrauch *(Berberidopsis corallina)*, der Schatten und sauren Boden braucht und in harten Wintern geschützt werden muss. Er ist immergrün und trägt kugelrunde, rote Früchte, die an langen Stielen von den Zweigen hängen. *Bougainvillea glabra* ist ein wüchsiger, immergrüner Kletterer, der gut im Kübel gedeiht, aber frostfrei überwintert werden muss. Gelegentlich sollte er kräftig gestutzt werden.

Im Sommer machen auch die großblütigen Clematissorten auf sich aufmerksam, die gut an einem Wandspalier wachsen. Zu den schönsten gehören 'Comtesse de Bouchaud' (rosa), 'Jackmanii Superba' (violett), 'Henryi' (cremeweiß), 'Marie Boisselot' (weiß), 'Lasurstern' (lavendelblau) und 'Nelly Moser' (rosa bis mauve).

▶ *Bougainvilleen gedeihen gut im Kübel, sofern sie einen warmen, sonnigen Standort bekommen und frostfrei überwintert werden.*

Die Spalthortensie *(Schizophragma hydrangeoides)* ähnelt der Kletterhortensie und hält sich wie diese mit Luftwurzeln an ihrem Untergrund fest. Sie trägt im Sommer winzige, duftende, weiße Blüten, die von cremefarbenen Brakteen umgeben sind. Vor allem vor einem einfarbigen Hintergrund sieht sie sehr reizvoll aus. Allerdings braucht sie etwas Platz und fühlt sich in einem festen Hochbeet oder Pflanzkasten vor einer Mauer am wohlsten. Man pflanzt sie mit etwa 60 cm Abstand zur Mauer und gibt ihr eine Kletterhilfe, bis sie sich selbst festhält.

Der Sternjasmin *(Trachelospermum speciosum)* ist ein weiterer ungewöhnlicher Kletterer, der aber nicht immer problemlos anwächst und vor Frost geschützt werden muss. Er verlangt einen tiefen Kübel mit neutraler bis saurer Erde. Die Wurzeln müssen stets kühl bleiben, während die Blüten Sonne brauchen. Hat er sich einmal etabliert, klettert er an einem Spalier oder an anderen Pflanzen in die Höhe und bildet vom Hochsommer an leuchtend rote Blüten. Besonders schön sieht er aus, wenn er sich durch einen Wandstrauch windet.

◀ *Sommerjasmin ist ein zarter, in milden Regionen halbimmergrüner Kletterer mit duftenden Blüten im Sommer. Er muss kräftig beschnitten werden.*

Blühsträucher für den Sommergarten

Eine Reihe von Arten bietet sich für diesen Zweck an. Schönmalve *(Abutilon)* wird gern an einer Südwand gepflanzt, weil sie Sonne und Wärme braucht. 'Boule de Neige' ist immergrün und trägt vom Frühling bis zum Spätsommer glockenförmige, weiße Blüten. *A.* × *suntense* ist eine sommergrüne Art mit violettblauen Blüten. 'Gorer's White' blüht weiß und *A. vitifolium* 'Veronica Tennant' trägt Blüten in Rosa bis Mauve.

Ananasginster *(Cytisus battandieri)* ist ein weiterer Strauch, der Sonne und Wärme braucht und am besten vor eine Südwand gepflanzt wird. Er trägt im Spätsommer große Gruppen duftender, leuchtend gelber Blüten, die entfernt an winzige Ananas erinnern und auch so riechen. Die Deutzie ist ein recht ungewöhnlicher Strauch, der vom mittleren Frühling bis zum Hochsommer duftende Blüten in Rosa bis Weiß trägt. Zwei besonders schöne Sorten sind *Deutzia* × *elegantissima* 'Rosealind' mit rosafarbenen Blüten und *D.* 'Mont Rose' mit rosaviolett gestreiften Blüten. Beide gedeihen gut in einem großen Kübel.

Fremontodendron 'California Glory' ist ein weiterer immergrüner Wandstrauch, der sich an einer Südmauer wohl fühlt und kurze Kälteeinbrüche übersteht. Vom Spätfrühling bis in den Spätsommer trägt er große, gelbe Blüten.

Die Gattung Strauchveronika *(Hebe)* umfasst viele immergrüne Sträucher, deren Blütenstände meist blau, weiß, rosa- oder fliederfarben sind.

▶ Hosta gibt es mit unterschiedlich gefärbten Blättern von Gelb bis Graublau. Im Sommer tragen sie schlanke Blütenstände mit weißen oder violetten Blüten. Wahre Hostaliebhaber entfernen die eher unscheinbaren Blüten, weil sie von den Blättern ablenken.

Die Vielfalt an Farben und Formen in dieser Gattung ist sehr groß. Einige werden recht groß, andere eignen sich sogar für den Steingarten, darunter *H. cupressoides* 'Broughton Dome'. Für die Pflanzung im Kübel empfehlen sich die Sorten *H.* 'Bowles Hybrid' mit lavendelblauen Blüten und *H. pinguifolia* 'Pagei' mit weißen Blüten.

Sommerstauden

Stauden werden im sommerlichen Kübelgarten allzu oft vergessen. Schade, denn sie können sehr attraktiv sein und eignen sich auch zum Füllen von Lücken. Man kann sie auf zweierlei Weise einsetzen. Wer genug Platz hat, könnte mit kleinwüchsigen Züchtungen bekannter Stauden wie Lupinen, Stockrosen und Rittersporn ein kleines Staudenbeet gestalten. Auch die von Natur aus zierlichen Arten wie Storchschnabel, Phlox, Nelken und Skabiosen eignen sich dafür gut.

Die zweite Möglichkeit bietet sich vor allem an, wenn der Platz knapp ist. Wählen Sie einige Ihrer Lieblingsstauden und setzen Sie sie in separate Kübel, sodass sie mit anderen Pflanzen zu Gruppen arrangiert werden können. Ideal sind Hosta, aber auch Skabiosen oder die blaue Ballonblume *(Platycodon grandiflorus 'Mariesii')*.

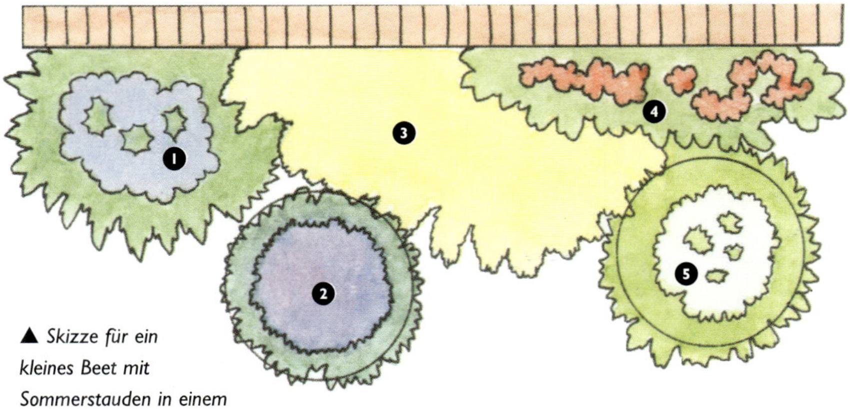

▲ Skizze für ein kleines Beet mit Sommerstauden in einem Kübelgarten. Weiß blühende Blumen sorgen stets dafür, dass die Kombinationen anderer Blütenfarben ausgewogen wirken.

❶ *Delphinium* 'Blue Nile'
❷ *Geranium* 'Johnson's Blue'
❸ *Lupinus* 'Chandelier'
❹ *Alcea* 'Chater's Double'
❺ *Anthemis punctata* ssp. *cupaniana*

Herbst

Vielen Menschen gilt der Herbst als die schönste Jahreszeit. Der Sommer ist vorüber, die Ernte eingefahren, die Blätter an den Bäumen färben sich gelb und golden und fallen dann zu Boden. Die intensiven Farben des Sommers sind verblasst, Ruhe kehrt ein, Zeit sich zu entspannen.

Die Bedeutung der Herbstfarben

Die Herbstfarben währen nur kurz und sind stark vom Wetter abhängig – von Regen oder Sonne, Frost oder feucht-warmen Winden. Dennoch haben sie ihren besonderen Reiz, und jeder Garten, ob groß oder klein, sollte über einige Pflanzen verfügen, die sich zu dieser Zeit von ihrer besten Seite zeigen. Zu den schönsten Herbstpflanzen zählt zweifellos der Fächerahorn *(Acer palmatum)* mit vielen Zuchtformen. Meist sind es kleine, schirmförmige Bäume, die langsam wachsen und erst nach vielen Jahren zu groß für ihren Kübel werden. Im Sommer haben sie mittelgrünes Laub, doch im Herbst verwandeln sie sich in ein Feuerwerk in Orange, Gelb, Rot und Gold. Die Sorten 'Burgundy Lace', 'Butterfly', 'Garnet' und 'Red Pygmy' sind im gut sortierten Handel zu bekommen. Alle bevorzugen Sonne oder Halbschatten und einen leicht sauren Boden.

Ein weiterer Strauch, der nicht zu schnell wächst und eine wunderbare Herbstfärbung hat, ist der Federbuschstrauch *(Fothergilla major)*, der am besten auf neutralem bis saurem Boden gedeiht. Vom mittleren Frühling bis zum Frühsommer trägt er kleine, weiße Blütenähren. Im Herbst verfärbt sich sein Laub von Gelb über Orange, Rot und Bläulich bis Schwarz, ehe es abfällt. Mit dieser interessanten Färbung ist der Federbuschstrauch ein echter Blickfang.

Beerenschmuck

Da die Beeren auch bei Vögeln und Eichhörnchen sehr beliebt sind, bleiben

◀ *Die leuchtend roten Beeren und das bronzefarbene Laub des Cotoneaster 'Cornubia' sind im Herbst eine Augenweide.*

▶ *'Lucifer' ist eine kleinwüchsige Canna, die vom Hochsommer bis in den Herbst blüht. Sie braucht einen warmen Standort und bei Trockenheit reichlich Wasser.*

sie manchmal nicht lange an den Sträuchern. Vogelbeeren beispielsweise sind sehr schnell abgefressen. Weniger begehrt sind die kleinen Holzäpfel, die rot und gelb leuchten. Die Bäume haben außerdem im Frühling eine sehr hübsche Blüte. *Malus* 'John Downie' hat rote Früchte, 'Golden Dream' trägt gelbe Miniäpfel. Beide sind selbstbefruchtend und werden, sofern sie auf einer kleinwüchsigen Unterlage veredelt sind, nicht sehr groß.

Die Schneebeere *(Symphoricarpos × doorenbosii)* ist eine weitere gute Kübelpflanze. In Beeten ist sie eher unbeliebt, weil sie sich durch Ausläufer unkontrolliert ausbreitet. Die Beeren sind für Menschen schwach giftig und auch bei Vögeln nicht sonderlich beliebt, darum bleiben sie über mehrere Wintermonate am Strauch. Attraktive Sorten sind 'White Hedge' mit Trauben weißer Beeren sowie 'Mother of Pearl' mit rosa überhauchten Beeren.

Feuerdorn *(Pyracantha)* ist für seine leuchtenden Früchte ebenso bekannt wie der Weißdorn *(Crataegus)*, der jedoch für den Kübelgarten rasch zu groß wird. Besser geeignet ist die Scheinbeere *(Gaultheria shallon* und *G. mucronata)*. Beide vermehren sich, wie die Schneebeere, durch Ausläufer und lassen sich darum in einem Kübel gut im Zaum halten. Sie benötigen ein saures Substrat und tragen auffällige, runde Beeren, deren Farbton je nach Sorte von Magenta bis Weiß rangiert.

Ein weiterer ausgezeichneter Strauch für die Herbstfarbe ist die Skimmie *(Skimmia japonica)* mit vielen Sorten, die meist leuchtend rote Beeren tragen – sofern männliche und weibliche Pflanzen vorhanden sind.

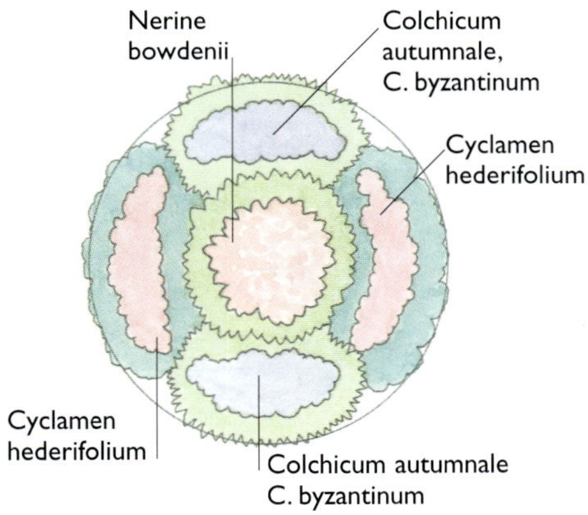

▲ *Zwiebelblüher für den Herbst eignen sich gut zum Verwildern in einer Grasfläche, wenn der Rasen nicht mehr gemäht werden muss.*

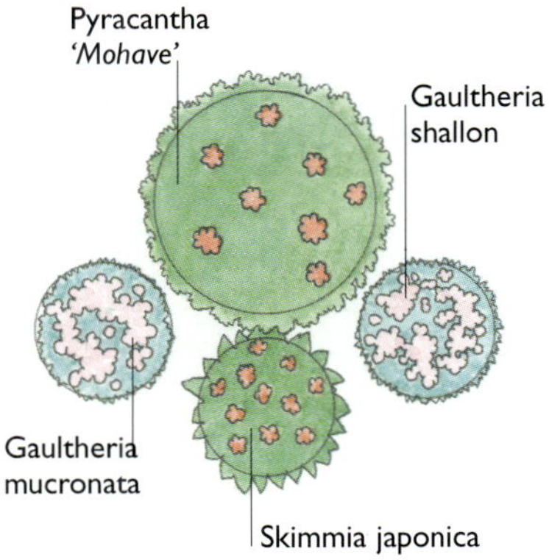

▲ *Achten Sie darauf, ob Sträucher im Herbst und Winter Beeren tragen. Sie sind für den Gärtner ebenso wie für die Vögel ein Gewinn.*

Unter den Kletterpflanzen sind vor allem die Weinarten und die Jungfernrebe *(Parthenocissus tricuspidata)* für ihre schöne Herbstfärbung berühmt. Die Urform der Jungfernreben ist *P. quinquefolia*, die früher unter der treffenden lateinischen Bezeichnung *Vitis inconstans* bekannt war. Ihre Herbstfärbung dauert nur kurz an, ist aber umso beeindruckender. Auch die Zierweine haben leuchtende Farben. *V. coignetiae* und *V. vinifera* 'Purpurea' sind besonders bekannt. Das Laub des Goldhopfens *Humulus lupulus* 'Aureus' färbt sich goldgelb, ehe es zu Boden fällt. Unter den vielen Clematissorten ist vor allem die kleinblütige *Clematis tangutica* zu erwähnen, auf deren nickende, gelbe Blüten skurrile, silbrige Samenstände folgen.

Zwiebeln und Knollen

Die bekannteste Zwiebelblume für das ausklingende Jahr ist die Herbstzeitlose *(Colchicum)*, die – je nach Sorte – vom Spätsommer bis in den frühen Winter blüht. Bekannt ist vor allem *C. autumnale* mit rosafarbenen Blüten, aus der einige Zuchtformen entwickelt wurden. 'Alboplenum' blüht weiß, während 'Pleniflorum' rundliche Blüten in Rosa trägt. Lohnend sind auch *C. byzantinum* mit fliederfarbenen Blüten und *C. speciosum* in einem intensiveren Rosaton. Die Sorte *C. s.* 'Album' hat reinweiße, kelchförmige Blüten. Ungewöhnlich ist an allen Herbstzeitlosen, dass ihre Blüten vor den Blättern erscheinen. Die meisten verwildern gern in Wiesen, aber alle gedeihen auch im Kübel. Man pflanzt sie im Spätsommer in ein tiefes Gefäß mit durchlässigem Substrat.

Zwei weitere Zwiebel- oder Knollenpflanzen fühlen sich im Kübel wohl. Die Guernsey-Lilie *(Nerine bowdenii)* ist eine davon. Sie blüht am besten, wenn ihr Wurzelwerk den Topf ausgefüllt hat, und braucht einen warmen, sonnigen Standort. Ihre Rispen mit rosafarbenen Blüten erfreuen mehrere Wochen lang. Die zweite Gruppe sind die Herbstalpenveilchen oder Efeublättriges Alpen-

◀ *Die Blätter des Zierweins Vitis vinifera 'Purpurea' färben sich im Herbst leuchtend dunkelrot. Die Trauben schmecken nicht.*

▶ *Niedrige Dahlien gedeihen auch in kleineren Kübeln gut. Zwergwüchsige Sorten werden nur etwa 60 cm hoch.*

veilchen *(Cyclamen hederifolium* syn. *neapolitanum).* Ihre zierlichen Blüten stehen an schlanken Stielen über dem Laub. Sie gedeihen gut im Steingarten.

Dahlien

Dahlien sind neben Astern die Herbstblumen schlechthin. Kaum eine Pflanze ist so pflegeleicht und trägt so attraktive Blüten. Sie haben die Wahl unter mehr als 20000 Sorten. Dahlien werden anhand der Form ihrer Blüten in elf Gruppen aufgeteilt, darunter die Pompondahlien, die orchideenblütigen und die päonienblütigen. Einige haben mächtige Blüten mit mehr als 25 cm Durchmesser. Das Farbspektrum reicht von Rosa über Rot, Orange und Gelb bis Weiß. Wer Dahlien pflanzen möchte, sollte einen speziellen Katalog durchblättern und Sorten aussuchen, die in Typ, Größe und Farbe zum Garten passen. Die Rhizome werden im mittleren bis späten Frühling gepflanzt, wenn jegliche Frostgefahr vorüber ist. Schon bei der Pflanzung sollte man Stäbe einstecken. Die Rhizome werden mindestens 10 cm tief in nahrhaftes Substrat gepflanzt und zusätzlich mit einem phosphathaltigen Dünger (beispielsweise Knochenmehl oder Hornspäne) versorgt. Die jungen Triebe müssen vor Schnecken geschützt werden.

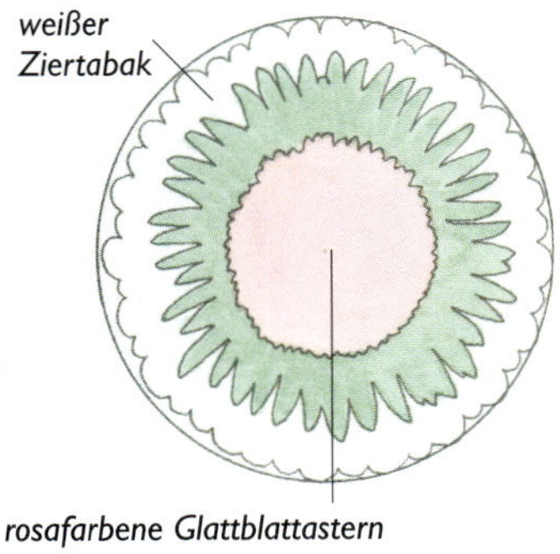

▲ *Bepflanzen Sie einen Kübel mit der Aster novi-belgii 'Apple Blossom', und rahmen Sie sie mit Nicotiana 'Domino White' ein.*

Stauden für die Herbstblüte

Die beliebtesten Herbststauden sind die Glattblattastern *(Aster novi-belgii)* und ihre Verwandten, die Raublattastern *(Aster novae-angliae).* Wenn viele andere Stauden ihre Hochzeit hinter sich haben, tragen beide Sorten ihre dichten Gruppen aus Strahlenblüten in verschiedenen Blau-, Lila- und Rosatönen sowie in Weiß. Die meisten haben in der Mitte ein gelbes Auge. Einige Sorten werden bis zu 1,2 m hoch und müssen gestützt werden. Vermeiden sie diese für den Kübelgarten. *A. n.-b.* 'Apple Blossom' blüht klarrosafarben, 'Marie Ballard' in einem zarten Hellblau. Eine weitere schöne Herbststaude ist die Hornnarbe *(Ceratostigma willmottianum)* mit hübschen, hellblauen Blüten, die an das Immergrün erinnern. Ihr Laub färbt sich im Herbst intensiv rot.

Pflanzenverzeichnis

Die Auswahl an Kübelpflanzen ist enorm, von Rabattenpflanzen für den Sommer über Zwiebelpflanzen bis hin zu winterharten Stauden und Sträuchern. Das folgende Verzeichnis führt Sie durch die oft unüberschaubare, aber dennoch aufregende Auswahl von Pflanzen. Jede Pflanze ist ausführlich hinsichtlich ihrer Größe und Form beschrieben. Ebenso wird die Farbe ihrer Blüten und Blätter angegeben. Außerdem werden Sie darüber informiert, welche Böden bestimmte Pflanzen bevorzugen.

Bäume

OBSTBÄUME

Malus domestica
Apfel

Höhe: 1,80 m

Ausbreitung: 1,80 m

Kleinwüchsige Apfelbäume gedeihen gut im Kübel. Man kann sie als Cordon oder an einem Wandspalier ziehen. Vor allem sind sie als Raumteiler in Dachgärten beliebt. Sorten, die auf einer kleinwüchsigen Unterlage veredelt sind, werden als Cordon etwa 3 m und am Spalier etwa 1,80 m breit, je bei 1,80 m Höhe. Achten Sie darauf, dass ausreichend Platz zur Verfügung steht. Einzelne Halbstämmchen oder Säulenformen können auch frei stehend im Kübel gehalten werden. Sie erreichen etwa 1,80–2,50 m Höhe. Die meisten Apfelsorten brauchen zur Bestäubung einen weiteren Baum, evtl. im Nachbargarten. Erkundigen Sie sich beim Kauf in der Baumschule, welche Sorten als Bestäubungspartner geeignet sind. Empfehlenswerte Dessertäpfel sind: 'Gravensteiner', 'Fiesta', 'North Pole', 'Golden Sentinel' und 'William's Pride'.

Pyrus communis
Birne

Höhe: 1,80 m

Ausbreitung: 1,80 m

Birnen werden wie Äpfel kultiviert. Weil sie jedoch früher als Äpfel blühen, ist die Blüte stärker durch späte Fröste gefährdet. Die Schönheit der Blüte lohnt jedoch einen Versuch. Birnen bevorzugen eine Süd- oder Südwestwand. Für den Kübelgarten sollten sie auf einer kleinwüchsigen Unterlage veredelt sein. Wie Äpfel brauchen sie einen Bestäubungspartner, da die meisten Arten nicht selbstbestäubend sind. Lassen Sie sich beim Kauf in der Baumschule beraten. Beliebte Sorten sind: 'Highland', 'Conférence', 'Comice', 'Warren' und 'Harrow Delight'.

Prunus domestica
Pflaume

Höhe: 1,80 m

Ausbreitung: 3,70 m (am Fächerspalier)

Für den Kübelgarten sollte man Pflaumenbäume wählen, die auf einer kleinwüchsigen Unterlage veredelt sind, und sie als Fächer erziehen. Der Fächer ist eine besondere Form der Spaliererziehung, die etwas schwieriger ist. Informieren Sie sich zusätzlich in einem speziellen Buch über Obstbaumschnitt. Pflaumenbäume werden auch in Säulenform angeboten. Auf engem Raum ist es sinnvoll, eine selbstbestäubende Sorte zu wählen, etwa 'Italian Prune', 'Golden Transparent Gage', 'Cambridge Gage', 'Santa Rosa' oder die beliebte Sorte 'Victoria'. Die Letztere gedeiht auch an einem relativ schattigen Platz.

ZIERBÄUME

Acer palmatum var. dissectum
Fächerahorn

Höhe: 1,80 m

Ausbreitung: 3 m (nach einigen Jahren)

Japanischer Fächerahorn ist ein idealer Kübelbaum, der in einem kleinen Garten für fernöstliche Atmosphäre sorgt. Er bleibt recht niedrig und trägt tief eingeschnittene, hängende Blätter. Sein besonderer Reiz ist die faszinierende Herbstfärbung in Schattierungen von Orange, Gelb und Dunkelrot. Ist die Sorte A. p. var. dissectum nicht erhältlich, wählen Sie eine andere langsam wachsende Sorte aus der A. p. Dissectum-Gruppe.

Pyrus communis 'Conférence'

Prunus domestica

Acer palmatum var. *dissectum*

Ilex aquifolium

Camellia 'Donation'
Kamelie

Höhe: 5 m

Ausbreitung: 2,50 m

Kamelien kann man den kleinen Bäumen oder den Sträuchern zuordnen. Finden sie in freier Natur günstige Bedingungen vor, können sie stattliche Größen erreichen. Weil sie aber langsam wachsen und einen Rückschnitt gut vertragen, lassen sie sich über viele Jahre erfolgreich in einem Kübel kultivieren. Mit ihren zugespitzten, immergrünen Blättern und den herrlichen Blüten im Frühling sind Kamelien ideale Hochstämme für den formalen Garten. Um gut zu gedeihen, brauchen sie Schatten und sauren Boden. Es gibt viele Zuchtformen, hauptsächlich mit Blüten in Rosa, Weiß und Rot. Die Sorte 'Donation' bevorzugt tiefen Schatten.

× Citrofortunella microcarpa/ Citrus limon
Calamondin-Orange, Panama-Orange, Zitronenbaum, Zitrus

Höhe und Ausbreitung: 45–60 cm

Zitrusbäumchen werden in gemäßigten Regionen als Zimmerpflanzen gehalten. Im Sommer fühlen sie sich aber auch an einem geschützten, sonnigen Platz im Freien wohl. Die Calamondin-Orange hat dunkelgrüne Blätter und trägt im Frühling duftende, weiße Blüten, denen orangefarbene oder gelbe Früchte folgen. Zitronenbäume haben hellgrüne Blätter und ungewöhnlich intensiv duftende Blüten, aus denen sich Zitronen entwickeln. Die Sorte 'Meyer' ist wegen ihres kompakten Wuchses für die Kübelkultur besonders beliebt. Alle Zitrusbäumchen eignen sich ausgezeichnet als Blickfang für die Terrasse, vor allem im Terrakottakübel.

Ilex aquifolium
Ilex, Stechpalme

Höhe: 3 m

Ausbreitung: 2 m

Ilex ist ein langsam wachsender Strauch mit interessantem, immergrünem Laub, weißen Blüten und roten Beeren im Winter, die sich für Weihnachtsdekorationen eignen. Er ist sehr schnittverträglich und kann auch als niedrige Hecke gehalten werden. Die Blätter der männlichen Sorte 'Silver Queen' haben weiße Ränder, die weibliche Sorte 'J. C. van Tol' trägt dunkelgrünes Laub. Beeren bilden sich nur, wenn es weibliche und männliche Sorten gibt.

Camellia 'Leonard Hessel'

Laurus nobilis
Lorbeer

Höhe: 12 m

Ausbreitung: 9 m

Bei guten Voraussetzungen kann der Lorbeer in freier Natur extrem groß werden. Dennoch ist er für den Kübelgarten sehr beliebt, weil er sehr langsam wächst und auch einen kräftigen Rückschnitt nicht übel nimmt. Er lässt sich gut zu Kugeln, Hochstämmchen und Kegeln trimmen. Vor allem als Hochstamm ist er ein schöner Schmuck für kleine Gärten, Höfe und Balkone. Die dunkelgrünen, zugespitzten Blätter können als Küchengewürz verwendet werden. Lorbeerbäume tragen im Frühling unscheinbare, weiße Blüten, denen winzige, schwarze Früchte folgen.

Olea europaea
Olive

Höhe und Ausbreitung: 6 m und mehr

Die langsam wachsenden Olivenbäume aus dem Mittelmeerraum erfreuen sich in gemäßigten Regionen zunehmender Beliebtheit als Kübelpflanzen. Die Winter werden generell milder, und bei starkem Frost kann man die Pflanzen zusätzlich schützen. Oliven haben immergrüne, längliche, graugrüne Blätter mit silbriger Unterseite. Als Bäume entwickeln sie eine rundliche Krone. Sie brauchen ein nahrhaftes Substrat und müssen in der Wachstumsperiode regelmäßig mit Flüssigdünger versorgt werden. Die kleinen, weißen Blüten duften angenehm. Die Früchte sind zuerst grün und werden mit zunehmender Reife schwarz.

Koniferen

Koniferen spielen im Kübel- und Steingarten eine wichtige Rolle. Hier stellen wir einige langsam wachsende Sorten mit interessanter Färbung vor, die vor allem in Gruppen reizvolle Kontraste bilden.

Cedrus deodara 'Feelin' Blue'
Zeder

Höhe: 30 cm

Ausbreitung: 90 cm

Die meisten Zedern sind stattliche Bäume, die viel Platz brauchen. Es sind aber einige Zwergformen gezüchtet worden, die auch mit wenig Platz im Kübel oder Steingarten zufrieden sind. Diese Art hat attraktive, blaugrüne Nadeln an herabhängenden Zweigen. Wie alle Zedern bevorzugt sie einen durchlässigen, aber feuchten Boden in vollsonniger Lage. Weitere kleinwüchsige Sorten sind *C. deodara* 'Golden Horizon' (etwas größer, bei einem Standort im Schatten dunkel-blaugrüne Nadeln) und *C. d.* 'Aurea' mit goldgrünen Nadeln.

Chamaecyparis lawsoniana 'Barry's Silver'
Lawson-Zypresse

Höhe: 1,50 m

Ausbreitung: 80 cm

Es gibt eine Reihe von Scheinzypressen in unterschiedlichen Farbtönen. 'Barry's Silver' ist eine neue, langsam wachsende Sorte aus Neuseeland. Die jungen Triebspitzen im Sommer sind silbrig weiß und färben sich später grün. Der aufrecht wachsende Strauch steht idealerweise in voller Sonne, doch sollte der Boden nicht austrocknen. Empfehlenswert sind auch die Sorten 'Little Spire' (blaugrün) und 'Stardust' (gelb).

Laurus nobilis

Juniperus communis 'Compressa'

Buxus sempervirens

Juniperus communis 'Compressa'
Wacholder

Höhe: 75 cm

Ausbreitung: 15 cm

Diese beliebteste Konifere für den kleinen Garten wächst zu einer schlanken, kompakten Säulenform heran. Sie hat leuchtend grüne Nadeln mit silbriger Rückseite. Sie wächst sehr langsam und wird kaum jemals zu groß für ihren Kübel. Sie eignet sich auch gut als vertikaler Akzent für Blumenkästen und passt ausgezeichnet in den Steingarten. *J. c.* 'Depressa Aurea' ist ein kleinwüchsiger Wacholder mit goldgelben Nadeln, die sich im Winter bronzegrün färben. Die Pflanze wird bis zu 1,50 m hoch.

Picea glauca 'Alberta Blue'
Kanadische Fichte

Höhe und Ausbreitung: 40–60 cm

Eine hübsche Zwergkonifere mit intensiv silbrig blauen jungen Trieben im Sommer, die zum Herbst dunkler werden. Auch diese Pflanze passt gut in den Steingarten und in Kübel aller Art. Sie bevorzugt Sonne oder Halbschatten und einen durchlässigen Boden. *P. abies* 'Ohlendorffii' ist eine weitere langsam wachsende Sorte für den Kübel mit dunkelgrünen Nadeln und kugeligem Wuchs. Sie kann bis zu 3 m hoch werden.

Thuja orientalis 'Raffles'
Lebensbaum

Höhe: 30–50 cm

Ausbreitung: 30 cm

Ein reizvoller Aspekt der Lebensbäume ist, dass sich ihre Färbung im Laufe des Jahres verändert. Die Sorte 'Raffles' hat im Frühling gelblich grüne Nadeln, die sich bronzerot färben, wenn die kalten Herbstwinde kommen. Die langsam wachsende Sorte hat eine kegelförmige Gestalt und eignet sich gut für den Kübel. Die Pflanze ist giftig, die Nadeln dürfen nicht gegessen werden.

Sträucher

Buxus sempervirens
Buchsbaum

Höhe (als Baum): 5 m

Ausbreitung: 5 m

Buchsbaum ist eigentlich ein Baum, doch er wird fast immer als niedriger Strauch kultiviert und ist weltweit beliebt für niedrige Hecken und Formschnittfiguren. Er bildet das Gerüst fast aller Knotengärten, und eine niedrige, akkurat beschnittene Buchsbaumhecke ist beinahe das Markenzeichen eines ernsthaften Gärtners. Wegen seiner kleinen Blätter lässt er sich auch zu dekorativen Figuren trimmen. Es gibt eine Reihe attraktiver Zuchtformen, darunter 'Aureovariegata' (golden gefleckte Blätter), 'Elegantissima' (besonders dichter Wuchs) und 'Suffruticosa' (kompakt und langsam wachsend).

Fatsia japonica

Exochorda × macrantha 'The Bride'
Blumenspiere, Radspiere

Höhe: 1,20 m

Ausbreitung: 1,50 m

Dieser langsam wachsende Strauch eignet sich gut für Kübel und kleine Gärten. An einem sonnigen oder halbschattigen Standort trägt er im späten Frühling oder Frühsommer üppige Kaskaden reinweißer Blüten, die an den hängenden Zweigen stehen. Schon wegen der herrlichen Blüte sollte er besser bekannt sein. Die Blüten erscheinen am Austrieb des Vorjahres, darum sollte man den Strauch nicht schneiden. Er gedeiht in jedem Gartenboden, bevorzugt aber neutrales Substrat. Manche Arten vertragen seine Nachbarschaft nicht.

Fatsia japonica
Aralie

Höhe und Ausbreitung: 1,50 m

Dieser Strauch ist zu Recht wegen seiner Wuchsform und seiner dekorativen Blätter beliebt. Im Spätsommer erscheinen an langen Stielen Gruppen kleiner, weißer Blüten. Sie sind, wie die nachfolgenden schwarzen Beeren, eher unscheinbar und erinnern entfernt an Raumstationen aus einem Sciencefictionfilm. Die Pflanze mit den großen Blättern ist frostempfindlich, verträgt aber Schatten und verschmutzte Luft gut. Daher eignet sie sich ausgezeichnet für Großstadtgärten. Es gibt eine Reihe von bemerkenswerten Zuchtformen wie die Strahlenaralie mit interessant panaschierten Blättern.

× *Halimiocistus wintonensis*

Höhe: 60 cm

Ausbreitung: 1 m

Ein weiterer, leider zu wenig bekannter Strauch, der sich gut für den Kübelgarten eignet. Es handelt sich um eine Kreuzung zwischen *Cistus* (Zistrose) und *Halimium*, die viele gute Eigenschaften von beiden Eltern geerbt hat. Der Strauch gedeiht an jedem sonnigen, offenen Standort und harmoniert gut mit anderen Zistrosen im Steingarten. Er behält sein graugrünes Laub auch im Winter und trägt hübsche, schalenförmige, weiße Blüten mit gelben Staubgefäßen, die von einem dunkelroten Band eingerahmt sind.

Hebe 'Rosie'
Hebe, Strauchveronika

Höhe: 30 cm

Ausbreitung: 60 cm

Die Gattung Hebe umfasst mehr als 100 Arten immergrüner Sträucher in Größen bis zu 2,50 m, aber auch Zwergformen, die gut in den Steingarten passen. Die Frostverträglichkeit der Arten ist unterschiedlich. Beliebt sind sie wegen der konischen Blütenstände in Blau, Weiß oder Violett, die im Hochsommer erscheinen und lange halten. 'Rosie' ist eine relativ neue, kleinwüchsige Art, die sich gut für den Kübel eignet. Sie trägt mehrere Monate lang hübsche, dunkelrosafarbene Blüten und ist ausgesprochen winterhart.

Hydrangea macrophylla
Hortensie

Höhe: 1,20 m

Ausbreitung: 1,80 m

Hortensien eignen sich gut für die Kübelkultur und verdienen einen Einzelplatz. Die Sträucher tragen dicke, kugelige Blütenstände in Rosa, Weiß, Blau oder Flieder. Die Blütenfarbe kann je nach Sorte und abhängig vom Säuregehalt des Bodens variieren. Eine der schönsten Sorten ist 'Générale Vicomtesse de Vibraye'. Sie gedeiht gut im Kübel, kann als Jungpflanze aber auch im Haus gehalten werden. Die Blüten sind in saurem Boden blassblau, ansonsten zeigen sie verschiedene Rosatöne.

Hydrangea macrophylla

Pieris formosa

Kolkwitzia amabilis 'Pink Cloud'
Kolkwitzie

Höhe: 3 m

Ausbreitung: 4 m

Auch dieser attraktive Strauch sollte besser bekannt sein – nicht nur für den Kübelgarten. Da die Kolkwitzie unerwünschte Wildtriebe bildet, ist sie im Kübel bestens aufgehoben. Sie wächst langsam, und es dauert lange, bis sie ausgewachsen ist. Sie benötigt fruchtbaren Boden und Sonne oder Halbschatten. Ihr besonderes Plus sind die Kaskaden rosafarbener Blüten, die im Spätfrühling von den Zweigen hängen. Die Blüten der hier genannten Sorte haben einen ungewöhnlich intensiven Farbton. Die jungen Blätter können durch späte Fröste geschädigt werden, darum ist ein Winterschutz empfehlenswert.

Lavandula angustifolia 'Hidcote'
Lavendel

Höhe und Ausbreitung: 50–90 cm

Lavendel ist einer der besten Sträucher für den Kübelgarten, sofern man ihm einen sonnigen, warmen Platz bieten kann. Er stammt ursprünglich aus dem Mittelmeerraum und benötigt wie alle Pflanzen aus dieser Region viel Sonne und Wärme. Blätter und Blüten haben einen intensiven Duft, darum werden sie gern getrocknet und zum Füllen von Duftkissen verwendet. Die Sorte 'Hidcote' ist wegen ihrer dunkelvioletten Blüten besonders beliebt. 'Munstead' hat dunkelblaue Blüten, 'Loddon Pink' blüht rosa. Weitere beliebte Lavendelarten sind *L.* × *intermedia* (englischer Lavendel) und *L. stoechas* (Schopflavendel). Alle Lavendelarten werden im zeitigen Frühling in Form geschnitten.

Pieris formosa var. *forrestii*
Lavendelheide

Höhe: 4 m

Ausbreitung: 3,50 m

Lassen Sie sich von der Maximalgröße dieses Strauches nicht abschrecken. Lavendelheide wächst langsam und erreicht diese Ausmaße nur unter optimalen Bedingungen. Es ist ein ausgezeichneter Strauch für den Kübelgarten. Die jungen Blätter im Frühling sind leuchtend rot und verfärben sich später zu hellem Grün. Dunkelrosafarbene Knospen öffnen sich zu weißen Blüten. Lavendelheide braucht einen halbschattigen Platz mit saurer Erde. Kalten Frühlingswind verträgt sie nur schlecht. Die Sorte *P. formosa* 'Wakehurst' hat einen relativ aufrechten Wuchs, *P. japonica* hat eine rundlichere Kontur.

Lavandula angustifolia 'Hidcote'

Spiraea japonica 'Goldflame'
Spierstrauch

Höhe: 1,80 m

Ausbreitung: 1,50 m

Spiersträucher sind sommergrün. Verschiedene Arten eignen sich gut für Kübel und kleine Gärten, weil sie relativ kompakt wachsen. *S. j.* 'Goldflame' ist recht bekannt. Sie treibt im Frühling goldfarbene bis bronzerote Blätter, die sich später grün verfärben und im Herbst wieder einen Goldton annehmen. Ab Hochsommer erscheinen dunkelrosafarbene Blütenstände. Die Pflanze bevorzugt volle Sonne und sehr nahrhaften Boden.

Spiraea japonica 'Goldflame'

Kleine Rosen

Die kleinen Rosensorten kann man in drei Gruppen gliedern. Besonders klein sind die Zwergrosen, die meist nur 30 cm hoch werden. Patio-Rosen werden etwa 50 cm hoch und kleinwüchsige Polyantha-Rosen erreichen eine Höhe von 60–90 cm.

'Pretty Polly'
Zwergrose

Höhe: 25 cm

Ausbreitung: 50 cm

Eine ausgezeichnete Zwergrose mit zahlreichen kleinen, rosaroten, gefüllten Blüten. Sie eignet sich sehr gut für einen kleinen Gartenhof und sogar für den Blumenkasten. Manche Gärtner pflanzen sie als blühende Hecke um Beete oder Kübel. Als interessante Kontraste bietet sich die Sorte 'Black Jade' mit dunkelschwarzroten Blüten von Frühling bis Herbst an. 'Little White Pet' blüht ebenso ausdauernd, trägt jedoch rote Knospen, die sich zu weißen Blüten öffnen.

'Stars 'n' Stripes'
Zwergrose

Höhe: 30 cm

Ausbreitung: 60 cm

Zwergrosen sind attraktive, buschige Pflanzen mit winzigen Blüten. Weil sie so wenig Platz brauchen, sind sie ideal für den Kübelgarten und sogar für Blumenkästen geeignet. In großen Gärten kann man sie als niedrige Hecke pflanzen. 'Stars 'n' Stripes' wurde an der amerikanischen Westküste gezüchtet. Sie hat weiße Blüten mit roten Tupfen und Streifen und sieht aus wie eine Zwergversion der alten Rose *Rosa gallica* 'Versicolor'. Weitere schöne Zwergrosen sind 'The Fairy' (rosafarbene Blüten ähnlich einer Moosrose) und 'Innocence' (cremeweiße Blüten).

'Singin' in the Rain'
Patio-Rose

Höhe und Ausbreitung: 60 cm

Dies ist eine der besten Patio-Rosen mit üppigem, dunkelgrünem Laub und aufrecht stehenden, stark gefüllten Blüten in einem warmen Apricotton. Sie hat einen zarten Duft. Wie die Zwergrosen blühen auch Patio-Rosen mehrmals, sind aber geringfügig größer. 'George Burns' hat gestreifte Blüten in Gelb, Rot und Rosa, während 'Gracie Allen' weiße Blüten mit rosafarbenem Auge zeigt. Wer intensivere Farben mag, könnte 'Europeana' (samtig dunkelrot) wählen oder auch 'Sun Flare' (gelb) und 'Judy Garland' (gelb, später leuchtend orange bis scharlachrot).

'Katharina Zeimet'
Zwergpolyantha

Höhe und Ausbreitung: 30–90 cm

Es gibt zwei Typen von Zwergpolyantha-Rosen. Einige tragen große Gruppen dicht gefüllter Blüten, die an Rambler-Rosen erinnern. Die Blüten der anderen Gruppe ähneln in der Form kleinen Teehybriden. 'Katharina Zeimet' mit weißen, duftenden Blüten gehört zur ersten Gruppe, ebenso wie 'Coral Cluster' und 'Nathalie Nypels' (beide rosa). Die bekannteste Sorte der zweiten Gruppe ist 'Cécile Brünner' mit bläulich rosa Blüten. 'Perle d'Or' hat eine ähnliche Blütenform, jedoch in Apricot.

Rosa 'Sweet Dream'

Rosa 'Compassion'

Kletterrosen

Kletterrosen – nicht zu verwechseln mit Ramblern – haben größere Blüten und blühen meist mehrmals. Die meisten modernen Kletterrosen blühen fortwährend den ganzen Sommer lang. Rambler sehen herrlich aus, wenn sie in einen alten Baum klettern dürfen, sind aber für den Kübelgarten viel zu wüchsig.

'Blairii Number 2'
Bourbon-Rose

Höhe: 4,50 m

Ausbreitung: 1,80 m

Die Gruppe der Bourbon-Rosen entstand in der zweiten Hälfte des 19. Jahrhunderts. 'Blairii Number 2' hat sich ihre Beliebtheit über mehr als 150 Jahre erhalten. Sie hat wunderschöne, duftende, gefüllte Blüten in Rosa – dunkler in der Mitte, zum Rand hin verblassend. Sie blüht einmal reich, dann folgt eine schwächere Nachblüte. Die jungen Blätter treiben rötlich grün aus und färben sich später mittelgrün. Die Sorte ist etwas anfällig für Mehltau.

'Compassion'
Moderne Kletterrose

Höhe: 3 m

Ausbreitung: 2,50 m

'Compassion' mit den großen, an eine Teerose erinnernden Blüten mit apricotgelber Innen- und blassrosa Außenseite zählt zu den besten und beliebtesten modernen Kletterrosen. Die Blüten sind haltbar und ihr angenehmer Duft straft die Behauptung Lügen, moderne Rosen dufteten nicht.

Sie hat einen kräftigen, buschigen Wuchs und blüht fortlaufend während des ganzen

Sommers. Der ideale Standort ist eine Südwand, an der ihre Blüten gut zur Geltung kommen.

'Constance Spry'
Englische Rose

Höhe: 3,50 m

Ausbreitung: 3,50 m

Dies ist eine der schönsten Englischen Rosen aus der Zucht von David Austin. Man kann sie als Strauchrose halten, doch lassen sich die geschmeidigen Triebe auch gut an ein Spalier binden. Die riesigen, klar-rosafarbenen Blüten haben einen ausgeprägten Myrrheduft. Diese Rose ist ein Hingucker. Ihr einziger Nachteil ist, dass sie – im Gegensatz zu den meisten Englischen Rosen – nur einmal blüht. Dennoch wiegen die Vorteile diesen Nachteil definitiv auf.

'Copenhagen'
Moderne Kletterrose

Höhe: 2,50 m

Ausbreitung: 2,50 m

Eine weitere moderne Kletterrose mit angenehm duftenden, mittelgroßen, dunkelscharlachroten Blüten in Teerosen-Form. Die Sorte blüht fortlaufend den ganzen Sommer lang und sieht besonders schön aus, wenn sich eine weiße Clematis wie 'Gillian Blades' durch ihre Zweige schlingt. Als Alternative bietet sich die moderne Kletterrose 'Crimson Cascade' an, die eine ähnliche Höhe erreicht, aber größere Blüten trägt. Sie ist sehr wüchsig und krankheitsresistent.

'Golden Showers'
Moderne Kletterrose

Höhe: 3 m

Ausbreitung: 3 m

Diese Sorte ist eine der besten und zuverlässigsten Kletterrosen. Sie hat gefüllte, klargelbe Blüten, die mit der Zeit zu einem hellen Cremeton verblassen. Die Blüten duften und erscheinen während des ganzen Sommers. Ihr besonderer Vorzug ist, dass sie auch an einer Nordwand reich blüht und sich daher für schattige Gärten gut eignet. 'Danse du Feu' mit rötlich orangefarbenen Blüten verträgt ebenfalls einen Platz an einer Nordwand.

'Climbing Iceberg'
Floribunda

Höhe: 3 m

Ausbreitung: 2,50 m

Die kletternde Form der beliebten Sorte 'Iceberg' wächst ausgezeichnet an einer Wand und bildet einen guten Hintergrund für andere Pflanzen. Das Laub ist hellgrün, die weißen Blüten sind gelegentlich rosa überhaucht und stehen in zarten Gruppen. Leider duften sie nur sehr schwach. 'Iceberg' blüht länger als die meisten anderen Rosensorten, und es kann in milden Wintern durchaus vorkommen, dass man noch zu Weihnachten Blüten schneiden kann.

'Maigold'
Kletterrose

Höhe: 3,50 m

Ausbreitung: 3 m

Wie 'Golden Showers' ist auch 'Maigold' sehr robust und nimmt mit fast jedem Standort vorlieb. Das sind Vorteile, die diese beiden Sorten gegenüber anderen auszeichnet. Sie trägt zahlreiche halb gefüllte Blüten in einem warmen Bronzegelb, blüht allerdings nur einmal. Dafür duften die Blüten aber auch ganz besonders stark. Das üppige, dunkelgrün glänzende Laub ist kaum anfällig für Krankheiten. Wer eine Kletterrose pflanzen möchte, ihr aber nur eine Nordwand bieten kann, sollte sich für diese Sorte entscheiden. Jedes andere Exemplar würde hier aufgeben.

Rosa 'Constance Spry'

Rosa 'Copenhagen'

'New Dawn'
Moderne Kletterrose

Höhe: 3 m

Ausbreitung: 2,50 m

Diese verdientermaßen beliebte Sorte gehört zu den ältesten modernen Kletterrosen. Sie ist sehr wüchsig und hat glänzende, hell- bis mittelgrüne Blätter. Die zartsilbrig rosa gefärbten Blüten haben ein etwas dunkleres Zentrum. Sie blühen den ganzen Sommer lang in Gruppen und haben einen angenehm frischen Duft. 'New Dawn' ist kaum anfällig für Krankheiten und verträgt auch einen halbschattigen Platz. An einer Nordwand fühlt sie sich jedoch nicht wohl.

'Paul's Lemon Pillar'
Teehybride

Höhe: 6 m

Ausbreitung: 3 m

Diese klassische Kletterrose mit dem dunkelgrünen Laub sieht man in vielen Gärten an Pergolen oder alten Baumstämmen. Sie gedeiht auch in Kübeln am Fuß eines Bogens oder einer Pergola. Sie hat große, zitronengelbe, gefüllte Blüten, deren Blätter sich an den Rändern nach außen biegen. Der Duft ist sehr intensiv. Die robuste, wüchsige Rose muss angebunden werden, beispielsweise an einer Säule.

Rosa 'New Dawn'

'A Shropshire Lad'
Englische Rose

Höhe: 2,50 m

Ausbreitung: 1,80 m

Eine weitere Englische Rose, die sich an einer warmen Wand auch als Kletterrose halten lässt. Sie hat die typische, dicht gefüllte, schalenförmige Blütenform vieler Englischer Rosen und einen angenehmen Duft. Die Blüten öffnen sich in einem warmen Pfirsichrosa und verblassen mit der Zeit. Am besten wirkt die Rose an einem Spalier an einer Südwand, man kann sie aber auch an andere Standorte setzen.

Kletterpflanzen und Wandsträucher

Abutilon × *suntense* 'Violetta'
Zimmerahorn, Schönmalve

Höhe: 5 m

Ausbreitung: 3 m

Manche *Abutilon*-Arten sind immergrün, andere werfen das Laub ab. Alle sind frostempfindlich. *A.* × *suntense* ist jedoch eine sehr unkomplizierte Pflanze, die in einem Kübel vor einer geschützten Südwand gut gedeiht. Die Blüten sind groß und haben eine offene Schalenform. Bei der Sorte 'Violetta' sind sie intensiv violett und erscheinen im späten Frühling. Triebe mit Frostschäden sollten im Frühling bis ins gesunde Holz zurückgeschnitten werden.

Clematis alpina 'Frances Rivis'
Clematis, Waldrebe

Höhe: 4 m

Ausbreitung: 1,80 m

Clematis alpina ist für die Kübelkultur sehr gut geeignet, weil sie relativ klein bleibt und weitaus langsamer wächst als *C. montana*. Die ungefüllten, glockenförmigen Blüten mit den spitzen Blütenblättern erscheinen im Frühling. 'Frances Rivis' ist die größte *C. alpina*-Sorte mit hübschen, dunkelblauen Blüten, auf die plusterige Samenstände folgen. Alle Formen dieser Art sind unkompliziert und gedeihen auch an ungünstigen Standorten. Lediglich Staunässe vertragen sie nicht.

Clematis tangutica
Clematis, Waldrebe

Höhe: 4,50 m

Ausbreitung: 1,80 m

Als spät blühende Sorte bezaubert *C. tangutica* im Herbst mit ihren ungewöhnlichen, leuchtend gelben Glockenblüten, die manchmal aussehen, als wären die Spitzen miteinander verklebt. Aus ihnen entwickeln sich

Rosa 'Paul's Lemon Pillar'

interessante Samenstände, die den ganzen Winter halten und überfrostet sehr gut aussehen. Die Sorte 'Helios' bleibt kleiner und eignet sich besonders für kleine Gärten. Es gibt eine Reihe von Zuchtformen, die alle winterhart sind.

Fremontodendron 'California Glory'

Höhe: 3 m

Ausbreitung: 3 m

Fremontodendron muss vor einer Wand gezogen und angebunden werden. Er ist nur bedingt winterhart, übersteht mit entsprechendem Schutz aber auch kalte Winter. Die immergrünen Blätter sind recht locker verteilt und bis zu 8 cm lang. Die Attraktion der Pflanze sind die großen, leuchtend gelben Blüten, die vom Spätfrühling bis in den Spätsommer fortlaufend erscheinen.
Die Pflanze wurzelt tief und braucht daher einen hohen Kübel und gute Drainage. Vom Frost geschädigte Triebe werden im Frühling bis ins gesunde Holz zurückgeschnitten.

Clematis tangutica

Hydrangea petiolaris syn. *H. anomala* ssp. *petiolaris*

Hedera helix 'Glacier'
Efeu

Höhe: 1,80 m

Ausbreitung: 1,80 m

Aus dem gemeinen Efeu *(Hedera helix)* sind eine Vielzahl von Zuchtformen entwickelt worden. Alle eignen sich zur ganzjährigen Wandbegrünung, aber auch als Bodendecker und sogar als Zimmerpflanzen. Die Sorte 'Glacier' ist für alle drei Zwecke zu empfehlen. Sie hat dunkelgraugrüne Blätter mit silbrigen oder cremefarbenen Rändern. Im Freien braucht sie einen hellen Platz, um eine schöne Blattfärbung zu entwickeln; sie gedeiht aber auch im Halbschatten.

Hydrangea petiolaris syn. *H. anomala ssp. petiolaris*
Kletterhortensie

Höhe: 10 m

Ausbreitung: 10 m

Die Kletterhortensie ist ein ausgezeichneter Wandstrauch, weil sie kaum Ansprüche an Standort und Lichtverhältnisse stellt. Sie ist sehr wüchsig, kann aber im Frühling kräftig zurückgeschnitten werden. Sie hält sich mithilfe von Luftwurzeln am Untergrund fest. Im Sommer trägt sie Gruppen von unscheinbaren, sterilen Blüten und auffälligeren, weißen Brakteen. Im Herbst färbt sich das Laub leuchtend gelb.

Jasminum officinale
Echter Jasmin

Höhe und Ausbreitung: 12 m

Auch diesen wüchsigen Kletterer sieht man häufig als Kübelpflanze. Mit seinen langen Trieben bedeckt er schnell Spaliere oder große Wände, sofern er eine Kletterhilfe vorfindet, um die er seine Triebe schlingen kann. Die weißen Blüten erscheinen vom Sommer bis zum Frühherbst und duften sehr intensiv. Am besten beschneidet man Jasmin gleich nach der Blüte. Um seinen Wuchs zu bändigen, kann er stark zurückgeschnitten werden. An kalten, exponierten Standorten fühlt er sich nicht wohl.

Lapageria rosea

Höhe und Ausbreitung: 5 m

Eine windende Kletterpflanze, die eine Kletterhilfe braucht und vor Frost geschützt werden muss. Da sie aus den Wäldern Chiles stammt, gedeiht sie nur an einem warmen, schattigen Standort. Volle Sonne verträgt sie nicht. Wer ihr aber geeignete Bedingungen bietet, kann sich an einer attraktiven Immergrünen mit langen, dunkelgrünen Blättern und rosa- oder pinkfarbenen Trompetenblüten erfreuen. Die Blüten erscheinen vom Hochsommer bis zum Herbst.

Jasminum officinale

Pyracantha 'Orange Glow'
Feuerdorn

Höhe und Ausbreitung: 3 m

Feuerdorn ist ein robuster Strauch, der sich leicht an einer Wand ziehen lässt und jeden Standort von voller Sonne bis zu tiefem Schatten toleriert. Je weniger Sonne die Pflanzen erhalten, desto schwächer fallen allerdings Blüte und Fruchtschmuck aus. An einer Wand sollte man die Triebe an Drähten anbinden. Ein kräftiger Rückschnitt ist im Frühling fällig, ein zweiter im Spätsommer, damit die gelben, roten oder orangefarbenen Beeren sichtbar werden, die auf die weißen Frühlingsblüten folgen.

Solanum crispum 'Glasnevin'
Kletternder Nachtschatten

Höhe und Ausbreitung: 6 m

Zwei Verwandte der Kartoffel sind beliebte Kletterpflanzen: *S. crispum* und *S. jasminoides*. Beide sind immergrün oder halbimmergrün und bedingt winterhart. Die Sorte 'Glasnevin' ist in gemäßigten Regionen beliebt, weil sie an einer warmen Wand auch harte Winter übersteht. Die Triebe beider Arten sind geschmeidig und müssen an ein Spalier oder eine andere Kletterhilfe angebunden werden. 'Glasnevin' trägt vom Sommer bis zum Herbst blauviolette Blüten.

Stauden

Kübelgärtner konzentrieren sich meist auf Einjährige und Kletterpflanzen, Stauden sieht man seltener. Es gibt jedoch eine Reihe von mehrjährigen Stauden, die ausgezeichnet im Kübel gedeihen.

Agapanthus Headbourne-Hybriden
Schmucklilie

Höhe: 90 cm

Ausbreitung: 45 cm

Der Name „Schmucklilie" ist irreführend, denn ihre imposanten Blütenstände, die im Spätsommer erscheinen und an eine große Kugel aus Glockenblumen an einem langen, gemeinsamen Stiel erinnern, sehen nicht wie andere Lilien aus. Schmucklilien haben fleischige Wurzeln, die in Trockenzeiten Wasser speichern. Sie brauchen einen sonnigen Standort. Weil sie frostempfindlich sind, benötigen sie einen Winterschutz. Die Headbourne-Hybriden und einige Namenssorten wie 'Blue Giant' und 'Alice Gloucester' sind jedoch relativ robust.

Aponogeton distachyos
Wasserähre

Ausbreitung: 1,20 m

Die Wasserähre ist eine Rhizomstaude aus Südafrika. Ihre ovalen Blätter schwimmen,

Pyracantha 'Orange Glow'

wie die einer Seerose, auf der Wasseroberfläche. Im Frühling und noch einmal im Herbst erscheinen kleine, weiße, duftende Blüten, die an verzweigten Stielen etwa 5 cm über dem Wasser stehen. Sie bevorzugt volle Sonne, toleriert aber auch Halbschatten. Die Wasserähre eignet sich gut, um das Wachstum von Algen in einem Teich einzudämmen.

Aquilegia vulgaris
Akelei, Columbine

Höhe: 90 cm

Ausbreitung: 50 cm

Die Akelei ist eine beliebte Bauerngartenpflanze, die im späten Frühling und Frühsommer blüht. Sie gedeiht in verschiedensten Gefäßen, sowohl allein als auch in Gesellschaft anderer Arten. Die Grundform hat dunkelblauviolette Blüten, es gibt jedoch eine Vielzahl von Zuchtformen mit Blüten in Weiß, verschiedenen Blautönen, Rosa und Gelb. Die interessant geformten Blüten stehen an langen Stielen über einer Rosette aus hellgrünen Blättern. Akelei sät sich willig selbst aus.

Solanum crispum 'Glasnevin'

Aster novi-belgii
Glattblattaster

Höhe: 1–1,20 m

Ausbreitung: 60–90 cm

Glattblattastern zählen zu den farbenprächtigsten Pflanzen im Kübelgarten. Sie blühen vom Spätsommer bis zum Frühherbst in vielen Schattierungen von Rosa, Violett, Flieder oder Weiß, zumeist mit einem gelben Auge, das für die Pflanzenfamilie typisch ist. Zu den schönsten Sorten gehören 'Marie Ballard' (hellblau), 'Jenny' und 'Royal Ruby' (pink), 'Lassie' (hellrosa) und 'Kristina' (weiß). Alle bevorzugen durchlässigen Boden und gedeihen auch im Halbschatten. Im Kübel brauchen die höheren Sorten eine Stütze.

Aubrieta cultorum
Blaukissen

Höhe: 5 cm

Ausbreitung: 60 cm

Das Blaukissen ist eine winterharte Staude, die man im zeitigen Frühjahr im Haus oder im Frühsommer im Freiland aussäen kann. Es bildet dichte Matten aus kleinen Blättern, über denen blaue oder violette Blüten stehen. Auch in Mauerfugen wird es gern gesät. Nach der Blüte wird es zurückgeschnitten. Fast alle Sorten haben bläulich violette Blüten. 'Hartswood Purple' und 'Joy' sind beliebt.

Aster novi-belgii

Dicentra formosa
Tränendes Herz

Höhe: 50 cm

Ausbreitung: 60 cm

D. spectabilis ist eine beliebte Staude, die im Frühling blüht, für einen durchschnittlichen Kübelgarten aber zu groß wird. Besser geeignet ist die niedrigere Form *D. formosa*, die sich leicht ausbreitet. Die reizenden, rötlich violetten Blüten stehen über silbergrauen Blättern. Die Sorte 'Stuart Boothman' ähnelt ihr im Aussehen, ist aber etwas höher, nicht ganz so wüchsig und hat weiße Blüten. Alle Sorten blühen im späten Frühling und Frühsommer und bevorzugen einen Schattenplatz und neutralen Boden. Man vermehrt sie einfach durch Teilung.

Euphorbia amygdaloides
Wolfsmilch

Höhe: 80 cm

Ausbreitung: 30 cm

Es gibt mehr als 2000 verschiedene Wolfsmilcharten – von winzig bis baumgroß. Die bekannteste Gartenart ist wohl *E. characias* ssp. *wulfenii*, eine auffällige Beetpflanze, die sich aber für einen kleinen Kübelgarten nicht eignet. Empfehlenswert ist dagegen *E. amygdaloides*, ein kleiner Bodendecker, der auch im Schatten gedeiht. Er hat dunkelgrüne Blätter und gelbgrüne Blüten, die an hohen Stielen stehen. Die Sorte 'Purpurea' hat rötlich violette Blätter und gelbe Blüten,

Geranium farreri

während var. robbiae 'Mrs Robb's Bonnet' wesentlich breitere Blätter trägt. Letztere Sorte neigt zum Wuchern.

Geranium farreri
Storchschnabel

Höhe: 10–15 cm

Ausbreitung: 15 cm

Wenige Gartenpflanzen sind so dankbar wie die Storchschnabel-Arten. Sie blühen den ganzen Sommer lang, und es gibt sie in verschiedenen Größen. *G. psilostemon* hat stattliche Ausmaße, *G. farreri* ist winzig und für den Steingarten beliebt. Die zierliche Art hat intensiv rosa- bis lilafarbene Blüten mit auffälligen schwarzen Staubgefäßen. Andere beliebte Storchschnabel-Arten, die sich für den Kübel eignen, sind *G. wallichianum* 'Buxton's Variety' (himmelblau mit weißer Äderung und dunklen Staubgefäßen) sowie G. clarkei 'Kashmir White' (weiß mit pinkfarbener Äderung).

Helianthus × multiflorus
'Loddon Gold'
Staudensonnenblume

Höhe: 1,50 m

Ausbreitung: 90 cm

Die meisten Sonnenblumen sind einjährig und häufig Gegenstand des Wetteiferns zwischen Hobbygärtnern um die größte Höhe. Auch die Staudensonnenblume ist recht groß und macht im Kübel Eindruck, wenn man genug Platz für sie hat. Sie hat stattliche Blütenstände in leuchtendem Gelb und braucht nicht gestützt zu werden. Es gibt eine Reihe von Zuchtformen wie 'Capenoch Star' (einfache, gelbe Blüten) und 'Soleil d'Or' (gefüllte, gelbe Blüten). Alle brauchen einen sonnigen Standort.

Helleborus orientalis
Lenzrose

Höhe: 50 cm

Ausbreitung: 50 cm

Die Lenzrose blüht kurz nach ihrer Verwandten, der Christrose *(H. niger)* – also zu einer Zeit, wenn noch kaum Blüten im Garten zu sehen sind. Die schalenförmigen, leicht nickenden Blüten sind weiß, rosafarben, mauve oder mattrot und halten sich sehr lange an der Pflanze. Die Innenseiten sind oft interessant gezeichnet. An einer geschützten Stelle ist die Lenzrose immergrün. Sie schätzt einen windgeschützten Schattenplatz und lockeren Boden.

Helleborus orientalis

Hosta 'Blue Moon'
Hosta, Funkie

Höhe: 10 cm

Ausbreitung: 30 cm

Hosta gedeihen besser in Kübeln als in Beeten, weil sie bei Feuchtigkeit im Handumdrehen von Schnecken abgefressen werden. Im Kübel lässt sich der Schaden begrenzen, weil Schnecken nicht so schnell die Gefäßwände hinaufkriechen können. Hosta wirken hauptsächlich wegen ihres interessanten Laubs. Es gibt viele Arten mit blaugrauen, grünen, gelbgrünen und panaschierten Blättern, die auch als Gruppe reizvoll aussehen. Im Schatten fühlen sie sich besonders wohl. 'Blue Moon' ist eine niedrige Art mit blaugrauem Laub. 'Aureomarginata' hat gelb geränderte Blätter, 'Gold Standard' hat gelbe Blätter mit grünem Rand.

Lobelia cardinalis
Kardinalslobelie

Höhe: 90 cm

Ausbreitung: 30 cm

Die Kardinalslobelie ist eine kurzlebige Rhizomstaude mit dunkelroten Stielen und leuchtend grünen, bronzefarben überhauchten Blättern. Im Spätsommer und Frühherbst trägt sie Blüten in einem Rot, mit dessen Intensität nur wenige Gartenpflanzen konkurrieren können. Die Blüten eignen sich gut als Basis für eine Farbkomposition in feurigen Tönen. Kardinalslobelien bevorzugen tiefgründigen, feuchten Boden in voller Sonne, tolerieren aber auch Halbschatten. *L. erinus* ist die niedrige, hängende Art, die als Einjährige beliebt ist.

Lobelia cardinalis

Lupinus Gallery-Hybriden
Lupine

Höhe: 50 cm

Ausbreitung: 20 cm

Viele Lupinen, darunter auch die beliebten Russell-Hybriden, sind mit durchschnittlich 1,20 m Höhe für den normalen Kübelgarten zu groß. Wer aber einen Bauerngarten im Kleinformat gestalten möchte, sollte unbedingt die kleinwüchsigen Gallery-Hybriden in Erwägung ziehen. Die Farben sind etwas zarter als bei den Russell-Hybriden, es gibt eine Reihe sanfter Rosa-, Gelb-, Blau-, Rot-, Violett- und Lavendeltöne. Zudem sind die Blüten kompakter als bei den großen Sorten. Weitere Zwergzüchtungen sind die Lulu-Serie und Dwarf Russell Mixed. Alle Lupinen brauchen einen sonnigen Platz.

Nymphaea 'Gonnère'
Seerose

Ausbreitung: 1–1,20 m

Seerosen muss man mit viel Sorgfalt auswählen. Die wichtigsten Kriterien sind die Größe und vor allem die Wassertiefe des Teiches. 'Gonnère' ist eine der schönsten weißen Sorten mit klargelber Mitte. Sie hat zahlreiche Blütenblätter und einen zarten Duft. Sie benötigt eine Wassertiefe von etwa 90 cm, breitet sich aber nicht so stark aus wie andere Seerosen. Seerosen blühen nur in voller Sonne gut. In fließendem Wasser gedeihen sie nicht, leichte Bewegung tolerieren sie aber.

Penstemon 'Andenken an Friedrich Hahn'
Bartfaden

Höhe: 80 cm

Ausbreitung: 60 cm

Der Bartfaden ist leider nicht sehr bekannt. Es ist eine ausgezeichnete immergrüne oder halbimmergrüne Pflanze, die vom Hochsommer bis zum Herbst lange Blütenstände trägt. Die Pflanze lässt sich leicht vermehren. Man nimmt entweder im Sommer Stecklinge oder teilt sie im Herbst. Sie ist auch für Kübelgärtner sehr empfehlenswert, die nicht so viele Einjährige verwenden möchten. Es gibt eine Reihe schöner Namenssorten, darunter 'Andenken an Friedrich Hahn' (dunkelrot), 'Apple Blossom' (zartrosa) und 'Maurice Gibbs' (rot mit weißer Mitte).

Lupinus

Phlox paniculata
Staudenphlox

Höhe: 1,20 m

Ausbreitung: 60–80 cm

Der Phlox ist eine schöne Sommerstaude, deren Blüte vom Hochsommer bis in den Herbst andauert. Es gibt viele Sorten mit Blüten in unterschiedlichen Schattierungen von Rosa, Rot, Violett, Flieder, Blau und Weiß. Die locker-kugeligen Blütenstände stehen wie ein runder Hut oberhalb der Blätter. Zu den beliebtesten Sorten gehören 'Amethyst' (violett), 'Eva Cullum' (pink), 'Fujiyama' (weiß), 'Le Mahdi' (blauviolett), 'Mother of Pearl' (weiß mit einem Hauch Rosa) und 'Prince of Orange' (orangerot).

Primula vulgaris
Primel, Schlüsselblume

Höhe: 20 cm

Ausbreitung: 30 cm

Die Gattung der Schlüsselblumen und Primeln umfasst mehr als 400 Arten und tausende von Sorten. Dennoch ist die einfache Schlüsselblume *P. vulgaris* eine Lieblingspflanze vieler Gärtner geblieben. Die Blüten sind von zartem Hellgelb mit dunk-lerer Mitte. Sie duften leicht und wirken zauberhaft bescheiden. Schlüsselblumen lassen sich problemlos durch Teilung nach der Blüte vermehren. Sie bevorzugen Schatten. An einem heißen, trockenen Platz gedeihen sie nicht. Schlüsselblumen stehen unter Naturschutz, man darf sie nicht im Wald ausgraben, um sie in den Garten zu pflanzen.

Phlox paniculata

Pulmonaria saccharata
Lungenkraut

Höhe: 30 cm

Ausbreitung: 60 cm

Das Lungenkraut ist ein hübscher Anblick, wenn sich im Frühling die Blüten über die gefleckten Blätter erheben, wegen derer die Pflanze ihren volkstümlichen Namen trägt. Es gedeiht gut im Kübel und breitet sich leicht in lockerem Substrat aus. Ideal sind erhöhte Gefäße, sodass man die zierlichen Blüten aus der Nähe betrachten kann. Meist sind die Blüten blau oder rosafarben, einige öffnen sich auch rosafarben und werden nach einigen Tagen blau, sodass an einem einzigen Stiel sowohl rosafarbene als auch blaue Blüten stehen können. Es gibt eine Reihe von Namenssorten. Sorten der Argenta-Gruppe haben silbriges Laub und rote Blüten, die sich violett verfärben. 'Mrs Moon' trägt rosafar-bene Knospen, die sich zu fliederfarbenen Blüten öffnen.

Scabiosa caucasica 'Clive Greaves'
Skabiose

Höhe: 60 cm

Ausbreitung: 60 cm

Die wilde Skabiose *S. columbaria* ist eine beliebte, zauberhafte Wildblume. Die Gattung ist jedoch recht groß und umfasst mehr als 80 Arten. Die Kultursorten haben sich den Charme der Wildform meist bewahrt. Viele haben zartblau oder fliederfarbene Blüten, es gibt aber auch andere Töne von Violett bis Weiß. Die Skabiose blüht im Spätsommer, wenn die Sommerblumen schon verblüht sind. So hilft sie, die Blühsaison im Garten zu verlängern. 'Clive Greaves' hat lavendelblaue Blüten, 'Perfect Alba' und 'Mrs Willmott' blühen weiß.

Stachy byzantina
Ziest

Höhe: 50 cm

Ausbreitung: 60 cm

Der Ziest ist eine der bekanntesten graulaubigen Gartenpflanzen. Er gedeiht fast überall und bildet einen guten Hintergrund für das grüne Laub anderer Arten. Er bildet eine dichte Matte aus silbrig weißen, filzähnlich behaarten Blättern, über denen sich im Sommer lavendelblaue Blüten an schlanken Stielen öffnen. Ziest bevorzugt einen sonnigen Platz und verträgt jeden Boden, solange er durchlässig ist. Zu den Zuchtformen gehören

Primula vulgaris

'Big Ears' (grüne Blätter mit grauem Flaum) und 'Silver Carpet' (silbrige Blätter). Letztere blüht gar nicht und eignet sich gut als Bodendecker.

Einjährige

Sie bilden den Mittelpunkt des Kübelgartens, weil man mit ihnen jedes Jahr eine neue Farbkombination ausprobieren kann. Manche sind eigentlich frostempfindliche Mehrjährige, die jedoch in kühlen und gemäßigten Regionen einjährig kultiviert werden.

Ageratum houstonianum
Leberbalsam

Höhe: 15–30 cm

Ausbreitung: 15–30 cm

Diese niedrige, frostempfindliche Einjährige stammt aus Mexiko. Die gängigste Blütenfarbe ist Blau, es gibt jedoch auch weiße und rosafarben blühende Sorten. Wie Polster stehen die kleinen Blüten direkt über dem Laub. Zu den bekannteren Namenssorten gehören die Hawaii-Serie, die kleinwüchsige 'Swing Pink' (pink bis rot) und 'Blaue Donau' (sanftes Blau). Im Frühling bei 16 °C aussäen.

Pulmonaria saccharata

Amaranthus caudatus
Fuchsschwanz

Höhe: 80 cm

Ausbreitung: 50 cm

Eine frostverträgliche Einjährige mit ungewöhnlichen, nickenden „Blütenschwänzen“. Es gibt auch Sorten mit aufrechten Blütenständen. Sie ist größer als die meisten Einjährigen. *A. tricolor* wächst buschiger und hat leuchtend gefärbte Blätter. Im Frühling bei 20 °C aussäen.

Antirrhinum majus
Löwenmäulchen

Höhe: 30–50 cm

Ausbreitung: 30 cm

Diese frostempfindlichen Stauden werden hierzulande einjährig kultiviert. Kinder lieben die Blüten besonders, die sich auf leichten Druck öffnen und schließen lassen. Es gibt sie in vielen leuchtenden Farben: Rot, Gelb, Orange und Weiß, zudem sind viele Serien und Zuchtformen erhältlich. Die Rocket-Serie ist besonders hoch. Die Sonnet-Serie blüht früh und ist mittelhoch. Die Tahiti-Serie und 'Floral Showers' sind kleinwüchsig.

Aubrieta cultorum
Blaukissen

Eigentlich eine Staude (s. S. 74), wird aber gerne wie eine Einjährige behandelt und als Beetpflanze verkauft.

Begonia
Begonie

Höhe: 25 cm

Ausbreitung: 30 cm

Es gibt sehr viele Begonienarten. In sommerlichen Gärten sieht man fast immer Sorten von *B. tuberosa*, der Knollenbegonie, mit großen, farbenprächtigen Blüten, oder *B. semperflorens*, die oft bronzefarbiges Laub hat und viele kleine Blüten trägt. Beide werden am besten wie Einjährige behandelt. Die Vielfalt der Blütenformen und -farben ist enorm. Unter den Sorten von *B. semperflorens* ist die Cocktail-Serie empfehlenswert. Die Knollenbegonie 'Can-Can' hat große, gelbe Blüten mit einem rötlichen, gekräuselten Rand.

Bellis perennis
Bellis, Kulturgänseblümchen

Höhe: 15–20 cm

Ausbreitung: 15 cm

Bellis sind ebenfalls winterharte Stauden, die normalerweise einjährig kultiviert werden. Die Pomponblüten in Rot, Weiß oder Rosa stehen an schlanken Stielen. Man kann sie überwintern, aber die meisten Gärtner pflanzen sie jedes Jahr neu. Es ist möglich, sie im zeitigen Frühjahr bei 10 °C im Haus auszusäen. Bekannt sind die Serien Pomponette, Roggli und Tasso, es gibt aber auch noch viele andere empfehlenswerte.

Antirrhinum majus

Brachyscome iberidifolia

Höhe: 30 cm

Ausbreitung: 30 cm

Diese beliebten, kleinen Einjährigen tragen Gruppen von meist weißen, fliederfarbenen oder violetten Blüten, die an Gänseblümchen erinnern. Besonders beliebt ist die Splendour-Serie. Dwarf Bravo Mixed ist etwas kleiner, Summer Skies hat Blüten in schönen Schattierungen von Blau, Rosa und Weiß.

Calceolaria Herbeohybrida-Gruppe
Pantoffelblume

Höhe: 25 cm

Ausbreitung: 15 cm

Diese bedingt frostverträglichen Zweijährigen werden gern als Sommerblumen in Kübel und Kästen gepflanzt. Die Blüten haben eine kompakte Rautenform und sind meist leuchtend gelb oder orangefarben. Einige gelbe Sorten haben eine attraktive orangerote Zeichnung in der Mitte. 'Bright Bikinis' trägt rote, gelbe und orangefarbene Blüten. Die Anytime-Serie ist kompakt und kommt schnell zur Blüte. Man sät sie bei 18 °C im Spätsommer oder zeitigen Frühling.

Calceolaria integrefolia

Calendula officinalis
Ringelblume

Höhe: 30–50 cm

Ausbreitung: 30 cm

Diese beliebte Einjährige wird schon seit Jahrhunderten kultiviert. Die gelben und orangefarbenen Blüten sehen kleinen Chrysanthemen ähnlich. Sie können im Frühling oder Herbst an Ort und Stelle ausgesät werden. Die Pacific-Beauty-Serie ist am meisten verbreitet. Die Blüten von *C. officinalis* sind ungefüllt.

Callistephus chinensis
Gartenaster, Sommeraster

Höhe: 20–40 cm

Ausbreitung: 20–40 cm

Diese Pflanzen werden schnell buschig und bilden chrysanthemenähnliche Blüten in einer Reihe von Farben aus: Rosa, Gelb, Rot Mauve und Weiß. Unter den vielen Serien sind folgende am bekanntesten: Ostrich Plume, Comet, Milady Mixed und Thousand Wonder. Bei 15 °C im zeitigen Frühjahr aussäen oder etwas später an Ort und Stelle.

Campanula carpatica
Karpatenglockenblume

Höhe: 30 cm

Ausbreitung: 30–60 cm

Es gibt zahlreiche Glockenblumen, die ihren Namen zu Recht wegen der hübschen, meist blauen, violetten oder weißen Glockenblüten tragen. Die Art *C. carpatica* ist eine winterharte Staude, die dichte Polster bildet und sich auch sehr gut als Einfassung für Beete und Wege eignet. Sie ist sehr wüchsig und muss eventuell eingedämmt werden. Beliebte Sorten sind 'Jewel' (dunkelviolett), 'Blue Clips' (blau) und 'Bressingham White' (weiß). Alle werden im Frühling an Ort und Stelle gesät. Man kann auch ältere Pflanzen teilen.

Catananche caerulea
Rasselblume

Höhe: 80 cm

Ausbreitung: 30 cm

Eine attraktive, Horste bildende, kurzlebige Staude mit graugrünen, grasartigen Blättern. Den ganzen Sommer über bildet sie viele einzelne Blüten in verschiedenen Blautönen an langen Stielen. Häufig wird sie als Einjährige kultiviert. Es gibt einige Namenssorten. 'Bicolor' hat weiße Blüten mit blauer Mitte. 'Major' hat fliederfarbene Blüten mit dunkler Mitte und 'Perry's White' hat weiße Blüten mit cremefarbener Mitte. Die Namenssorten müssen durch Teilung oder Wurzelstecklinge vermehrt werden. Bei Aussaat sind sie nicht farbtreu.

Calendula officinalis

Celosia argentea
Hahnenkamm

Höhe: 20–50 cm

Ausbreitung: 15–40 cm

Es gibt zwei Formen des Hahnenkamms. Die Plumosa-Gruppe hat offene, pyramidenförmige, fiedrige Blütenstände, während die Cristata-Gruppe dicht gedrängte, gewellte Blütenstände trägt. Sorten der Plumosa-Gruppe sieht man häufig in den Beeten von Parks und Grünanlagen. Mit ihren Blüten in Gelb, Pink, Orange und Rot kann man sie kaum übersehen. Besonders bekannt sind die Sorten der Century-Serie. Die Kimono-Serie ist kleiner und besser für Kübel und kleine Gärten geeignet. Man sät sie ab dem Frühling bei 18 °C.

Campanula carpatica 'Blue Gem'

Centaurea cyanus
Kornblume

Höhe: 25–90 cm

Ausbreitung: 15–20 cm

Kornblumen sind winterharte Stauden mit Blüten in Blau, Weinrot, klarem Rot und Rosa. Die traditionelle Farbe der Kornblume ist jedoch ein intensives Blau, und viele Gärtner geben diesem den Vorzug. Es gibt eine Reihe von Serien, darunter die Boy-Serie, zu der auch die leuchtend blaue 'Blue Boy' gehört. Bekannte Sorten sind ferner 'Jubilee Gem', 'Pinkie' und 'Florence Blue'. Man sät Kornblumen im Herbst oder im Frühling an Ort und Stelle.

Chrysanthemum parthenium 'Aureum'

Chrysanthemum parthenium
syn. *Tanacetum parthenium*
Rainfarn

Höhe: 50–60 cm

Ausbreitung: 30 cm

Der Name dieser kurzlebigen Staude ist vor kurzem geändert worden, sodass sie in manchen Büchern unter dem ersten oder dem zweiten, heute gültigen Namen zu finden ist. Die Gartensorten haben gelbe oder weiße Blüten, einige haben gelbe Blätter. Hübsch sind die gefüllten Formen, etwa 'Plenum' und 'Snowball' (beide weiß). Sie werden im zeitigen Frühling bei 10 °C ausgesät oder durch krautige Stecklinge im Frühling vermehrt.

Cineraria maritima
syn. *Senecio cineraria*
Greiskraut

Höhe: 20–30 cm

Ausbreitung: 25–30 cm

Der gültige Name ist *Senecio*, man wird diese Pflanze aber häufig noch unter ihrer alten Bezeichnung finden. Es ist eine klassische Blattpflanze mit silbrigen Blättern, die einen ausgezeichneten Hintergrund für farbenfrohe Einjährige abgibt. Besonders bekannt sind die Sorten 'Silver Dust' und 'Cirrus'. Man sät sie im Frühling bei 20 °C aus oder nimmt im Spätsommer halbreife Stecklinge, die überwintert werden.

Clarkia amoena
Atlasblume

Höhe: 80 cm

Ausbreitung: 30 cm

Eine sehr hübsche Einjährige mit trichterförmigen Blüten, manchmal mit gezeichneter Mitte. Gelegentlich findet man sie auch unter dem Namen *Godetia amoena* und *G. grandiflora*. Die Blüten sind meist rosafarben, weiß oder intensiv lavendelblau. Die Satin-Serie bleibt gedrungener. *C. unguiculata*, auch als *C. elegans* im Handel, ist größer und hat aufrechte Blütenstände. Die Blüten der Royal-Bouquet-Serie erinnern an kleine Stockrosen. Man sät sie im zeitigen Frühling an Ort und Stelle, ein Umpflanzen ist nicht nötig. Atlasblumen lassen sich gut trocknen.

Consolida ajacis

Consolida ajacis
Lerchensporn

Höhe: 30–50 cm

Ausbreitung: 15–25 cm

Dekorative Einjährige mit aufrechten Blütenständen in angenehmen Pastelltönen von Weiß, Hellblau und Rosa, gelegentlich auch Dunkelviolett. Die kleineren Sorten werden meist bevorzugt, beliebt sind die Serien Dwarf Hyacinth und Dwarf Rocket. Die kräftigen Pflanzen vertragen Wind recht gut. Die Serie Giant Imperial ist mit 90 cm wesentlich höher und sollte im Hintergrund eines Kübels oder Beets gepflanzt werden. Die winterharte Einjährige wird im Herbst oder im zeitigen Frühling an Ort und Stelle ausgesät. Die Pflanze ist für den Menschen giftig.

Convolvulus tricolor
Winde

Höhe: 30–40 cm

Ausbreitung: 25–30 cm

Die Ackerwinde ist eins der hartnäckigsten Gartenunkräuter, doch die Kulturformen sind sehr ansprechend und umfassen verschiedene Arten von Sträuchern bis zu Einjährigen. *C. tricolor* wird als winterharte Einjährige kultiviert. Die Serie Flagship Mixed blüht in Rot, Dunkelblau, Hellblau, Weiß und Rosa. Die trompetenförmigen Blüten haben eine auffällige, weiße Zeichnung und eine gelbe Mitte. *C. sabatius* ist eine blaue Staude, die meist im Steingarten gehalten wird. Vor starkem Frost muss sie geschützt werden. Die Einjährigen im mittleren Frühling an Ort und Stelle säen, die Staude durch Stecklinge vermehren.

Coreopsis tinctoria
Färbermädchenauge

Höhe: 30 cm

Ausbreitung: 15 cm

Die kleineren Mädchenauge-Sorten stammen von dieser Art ab. Beliebt ist vor allem die Serie Dwarf Mixed. 'Mahogany Midget' hat bronzerote Blüten mit gelbem Auge, die vom Hochsommer bis zum Herbst in großer Zahl erscheinen. *C. grandiflora* und ihre Sorten sind winterharte Stauden, die manchmal als Einjährige kultiviert werden und meist gelb blühen. 'Early Sunrise' und 'Tiger Flower' sind zuverlässige Sorten. Man sät im Frühling an Ort und Stelle.

Dianthus chinensis
Einjährige Nelke

Höhe: 15–25 cm

Ausbreitung: 10–15 cm

Die Gattung *Dianthus* ist sehr groß und umfasst viele Arten, die sowohl im Haus als auch

Eschscholzia californica

im Freien gedeihen. Viele beliebte Gartennelken werden als frostempfindliche Einjährige kultiviert. Man sät sie im Frühling bei 16 °C, dann blühen sie im Spätsommer des gleichen Jahres. Es gibt verschiedene Serien und Namenssorten. Die Serien Baby Doll und Carpet haben einfache Blüten, meist in Rosatönen, aber auch in Rot und Weiß. Die schöne 'Raspberry Tart' hat rosafarbene Blüten mit dunkelroter Mitte. 'Dad's Favorite' trägt weiße Blüten mit rotem Rand und violetter Mitte.

Erigeron karvinskianus
Berufkraut

Höhe: 15–30 cm

Ausbreitung: bis 90 cm

Eine ausgezeichnete Pflanze, die über Mauern herabhängt. Auch sehr gut für Blumenkästen und Ampeln. Die kleinen Strahlenblüten erscheinen im Hochsommer. Sie sind zuerst weiß und verfärben sich dann langsam zu Rosa und Rot. In Blumenkästen und Ampeln wird sie einjährig kultiviert. Im Garten treibt sie jedes Jahr wieder aus. Weil sie aber sehr wüchsig ist, muss man sie eventuell eindämmen. 'Profusion' ist eine beliebte Sorte. Im Frühling im kalten Frühbeet aussäen.

Fuchsia 'Tennessee Waltz'

Eschscholzia californica
Kalifornischer Kappenmohn

Höhe: 15–30 cm

Ausbreitung: 15 cm

Kalifornischer Kappenmohn lässt sich ganz unkompliziert aussäen, weil die Pflanzen selbst in einem Kiesbeet wurzeln. Sie säen sich aber auch stark selbst aus und müssen in den Folgejahren eventuell gejätet werden. Die einfachen Blüten stehen auf aufrechten Stielen. Sie sind meist gelb oder orange, es gibt aber auch Sorten mit roten, rosafarbenen und weißen Blüten. Besonders schön ist die Serie Thai Silk mit halb gefüllten Blüten in verschiedenen Farben. Im Frühling an Ort und Stelle säen.

Fuchsia
Fuchsie

Höhe (kleine Sorten): 40–60 cm

Ausbreitung: 30–60 cm

Fuchsien sind bedingt winterharte, mehrjährige Sträucher. Einige Sorten vertragen Temperaturen bis –5 °C im Freiland. Sie haben hängende Blüten, meist in attraktiven Rosatönen, viele sind auch zweifarbig. Fuchsien eignen sich sehr gut für Ampeln und Kübel und können im Haus überwintert werden. Empfehlenswert sind 'Margaret Brown' (Blüten in zwei Rosatönen), 'La Campanella' (weiß und violett), 'Swingtime' (gefüllte, weiße Blüten mit roten Hüllblättern).

Gazania

Höhe: 20 cm

Ausbreitung: 25 cm

Frostempfindliche Staude, die einjährig kultiviert wird. Gazanien sind entfernt mit den Astern verwandt und haben Strahlenblüten mit etwas breiteren Blütenblättern. Die Chansonette-Serie hat Blüten in Gelb, Rosa, Rot und Orange. Die Mini-star-Serie ist kleiner und hat ein reicheres Farbspektrum. Im zeitigen Frühling bei 18–20 °C aussäen.

Heliotropium arborescens
Heliotrop, Sonnenwende, Vanilleblume

Höhe: 30–50 cm

Ausbreitung: 30–35 cm

Viele Sorten des Heliotrop wachsen zu Sträuchern heran, die kleineren Sorten werden meist als Einjährige kultiviert. 'Marine' ist die beliebteste Sorte mit besonders intensi-vem Duft. 'Mini Marine' ist etwas kleiner und kompakter. Die Blüten sind blauviolett und machen sich sehr gut in einem sommerlichen Kübel. Man sät sie im Frühling bei 16 °C aus.

Gazania

Lavatera trimestris 'Silver Cup'

Die Namenssorten werden durch Stecklinge vermehrt, weil sie bei Aussaat nicht farbtreu sind.

Iberis umbellata
Doldige Schleifenblume

Höhe: 15–30 cm

Ausbreitung: 20 cm

Eine weitere sehr beliebte, winterharte Einjährige, die im Herbst oder zeitigen Frühling an Ort und Stelle gesät wird. Bekannt sind vor allem die Fairy-Serie mit Blüten in Rosa, Lavendel und Weiß sowie die Flash-Serie mit intensiveren Tönen von Pink, Violett und Rot. Die Blüten sind in flachen Dolden angeordnet und bedecken die Pflanze komplett.

Impatiens Neu-Guinea-Gruppe
Fleißiges Lieschen

Höhe: 35 cm

Ausbreitung: 30 cm

Fleißige Lieschen gehören zu den beliebtesten Sommerblühern. Eigentlich sind es frostempfindliche Stauden, sie werden jedoch fast immer einjährig kultiviert. Die Sorten der Neu-Guinea-Gruppe (Neu-Guinea-Hybriden) haben Blüten in verschiedenen Schattierungen von Rosa, Pink, Rot und Weiß, auch zweifarbige Blüten sind zu finden. Die Blätter sind oval und zugespitzt, meist hellgrün oder bronzegrün, gelegentlich auch cremefarben, weiß oder gelb panaschiert. Fleißige Lieschen bevorzugen den Halbschatten und haben den Vorzug, sogar im tiefen Schatten reich zu blühen. Es gibt eine Reihe weiterer Serien. Zu den bekannten Sorten gehören 'Cheers', 'Concerto', 'Tango' und 'Red Magic'. Man sät sie im Frühling bei 16 °C. Im Sommer geschnittene Stecklinge kann man im Haus überwintern.

Lavatera trimestris
Malve

Höhe: 60–90 cm

Ausbreitung: 30–50 cm

Diese Einjährigen sind recht hoch, aber außergewöhnlich schön. Sie tragen die typischen, weit geöffneten Trompetenblüten der Malvenfamilie. 'Pink Beauty' hat rosafarbene Blüten mit weißer Äderung und einer dunkleren Mitte. 'Silver Cup' hat ein intensiveres Pink, während 'Mont Blanc' nahezu reinweiß blüht. 'Ruby Regis' zeigt ein dunkles Pink, das fast als Rot gelten kann. Man sät sie im mittleren Frühjahr an Ort und Stelle.

Impatiens New Guinea Group

Limnanthes douglasii
Sumpfblume, Spiegeleierblume

Höhe: 15 cm

Ausbreitung: 15 cm

Die niedrige Einjährige mit den schalenförmigen, weißen Blüten und dottergelbem Auge hat einen sehr treffenden Populärnamen. Die Blüten erscheinen während des ganzen Sommers und sind eine gute Bienenweide. Die unkomplizierte Pflanze wird im Herbst oder Frühling an Ort und Stelle gesät. Bei Herbstaussaat blüht sie früher, muss aber vor Frost geschützt werden.

Linum grandiflorum
Lein

Höhe: 50–60 cm

Ausbreitung: 15 cm

Lein blüht normalerweise blau, das trifft auch auf die meisten ausdauernden Leinarten zu. Lediglich die einjährige Form hat rosarote Blüten. Zu den Namenssorten gehören 'Bright Eyes' (weiß), 'Caeruleum' (blau), 'Magic Circles' (rot und weiß) sowie 'Rubrum' (rot). Lein ist eine unkomplizierte, winterharte Einjährige. Sie wird im Frühling oder schon im Herbst an Ort und Stelle gesät. Alle bevorzugen einen sonnigen Standort und humusreichen, durchlässigen Boden. Am besten wirken die Pflanzen in größeren einfarbigen Gruppen.

Lobelia erinus

Lobelia erinus
Lobelie

Höhe: 10–15 cm

Ausbreitung: 15 cm

Diese niedrigen, Polster bildenden Stauden werden als Einjährige kultiviert. In aller Welt sind sie als Ampelpflanzen beliebt, weil die Triebe mit den kleinen Blüten – meist blau mit weißem Auge – so hübsch herabhängen. Lobelien passen auch gut in den Steingarten oder in ein blau-weißes Beet – zusammen mit silbrigem Greiskraut *(Senecio)* und der weißen Lobeliensorte 'White Cascade'. Die Sorten der Cascade-Serie haben Blüten in Pink, Rot, Blau und Weiß, während die der Palace-Serie meist blau oder weiß sind. Es gibt auch höhere Sorten, die sich für Beeteinfassungen eignen.

Matthiola incana
Levkoje

Höhe: 20–50 cm

Ausbreitung: 25–30 cm

Levkojen sind aufrechte Stauden oder Halbsträucher, die meist als frostempfindliche Einjährige kultiviert werden. Innerhalb ungewöhnlich kurzer Zeit bilden sie aufrechte Blütenstände in Weiß, Rot, Rosa oder Violett, mit intensivem Duft. Im Handel findet man verschiedene Serien, darunter die Brompton-Serie, die zweijährig kultiviert wird. Ten Week Mixed hat meist gefüllte Blüten, während die Sentinel-Serie besonders hoch wird.

Mesembryanthemum criniflorum
Mittagsblume

Höhe: 8 cm

Ausbreitung: 15 cm

Mittagsblumen sind beliebte Einjährige, die sich an trockenen, sonnigen Standorten von der besten Seite zeigen. Sie haben zahlreiche Strahlenblüten in Rosa, Weiß, intensivem Pink und Gelb, gelegentlich auch in Pastelltönen, und eignen sich sehr gut als Bodendecker. Man sät sie im zeitigen Frühling bei 16 °C im Haus.

Mimulus × hybridus
Gauklerblume

Höhe: 10–30 cm

Ausbreitung: 30 cm

Eine frostempfindliche Staude, die einjährig kultiviert wird. Bekannt sind vor allem die Serien Calypso, Magic und Mystic. Die trompetenförmigen Blüten sind meist gelb oder orange, es gibt aber auch Sorten mit cremeweißen, roten oder rosafarbenen Blüten. Viele sind in der Mitte gefleckt. Gauklerblumen bevorzugen feuchten Boden und werden bei mindestens 7 °C im Frühling im Haus gesät.

Matthiola incana

Nemesia strumosa
Nemesia

Höhe: 20–30 cm

Ausbreitung: 10–15 cm

Eine beliebte frostempfindliche Einjährige für den Steingarten mit schönen, originellen Blüten, die voll geöffnet zwei Hälften haben und oft zweifarbig sind. 'KLM' ist blau-weiß, 'National Ensign' und 'Danish Flag' sind rot-weiß. 'Blue Gem' ist saphirblau mit weißem Auge, während die Sorten der Carnival-Serie kleiner bleiben. Nemesia wird im Frühling an Ort und Stelle gesät. Bei Aussaat im Herbst blüht sie früher, muss aber vor Frost geschützt werden. Die Pflanzen brauchen zur Blütenbildung viel Wasser.

Nicotiana × *sanderae*
Ziertabak

Höhe: 30–60 cm

Ausbreitung: 20–40 cm

Diese Art ist etwas kleiner als der traditionelle Ziertabak. Die Blüten öffnen sich bereits tagsüber und nicht erst am Abend. Sie duften jedoch weniger intensiv. 'Lime Green' ist eine beliebte Sorte mit hellgrünen Blüten. Es gibt eine Vielzahl von Serien. Bekannt sind vor allem Domino und Havana, während Merlin speziell für Kübel und Kästen gezüchtet wurde. Man kultiviert sie als frostempfindliche Einjährige und sät sie im Frühling bei 18 °C.

Petunia
Petunie

Höhe: 20–30 cm

Ausbreitung: 30–90 cm

Petunien zählen zweifellos zu den bekanntesten und beliebtesten Sommerpflanzen. Es sind frostempfindliche Stauden, die generell einjährig kultiviert werden. Man unterteilt sie in zwei Gruppen. Grandiflora-Sorten haben einzelne, sehr große Blüten, während die Multiflora-Sorten buschiger wachsen und viele kleine Blüten tragen. Die Farbauswahl ist enorm, sie umfasst einfarbige und zweifarbige Blüten, viele haben auch einen andersfarbigen Schlund oder ein Fleckenmuster in einem dunkleren Farbton. Für Ampeln ist die Supercascade-Serie besonders beliebt. Die Carpet-Serie eignet sich für Sommerbeete, während die Picotee-Serie gekräuselte, weiße Ränder besitzt. Man sät Petunien im Frühling im Freien. Um die Blüte anzuregen, muss Verwelktes regelmäßig entfernt werden.

Pelargonium
Pelargonie, auch fälschlich: Geranie

Höhe: 15–60 cm

Ausbreitung: 20–30 cm

Diese große Pflanzengattung wird in sechs Gruppen unterteilt. Die verbreitetste ist die der Zonal-Pelargonien, die wiederum sieben an der Blütenform orientierte Untergruppen umfasst. Hängende Pelargonien sind ideal für Blumenkästen an Balkonbrüstungen, aber auch für Ampeln. Die Blütenfarben reichen von klarem Rot über alle Schattierungen von Pink und Rosa bis zu Weiß. Pflanzen aus der Horizon-Serie sind kompakt und buschig, also ideal für Kübel, während Sorten der Orbit-Serie früh blühen. Es gibt eine Vielzahl von Namenssorten. Pelargonien kann man im Frühling bei 16 °C aus Samen ziehen, besser aber vermehrt man sie durch Stecklinge, die ganzjährig geschnitten werden können.

Nicotiana X *sanderae*

Petunia

Sidalcea malviflora

Phlox drummondii
Einjähriger Phlox
Höhe: 10–50 cm
Ausbreitung: 20 cm
Diese hübsche, frostempfindliche Einjährige trägt attraktive Blütenstände, die entfernt an kleine Hortensien erinnern. Das Farbspektrum ähnelt dem von Petunien: Weiß, Violett, Lavendel, Rosa und Rot sind die Hauptfarben. Es gibt eine Reihe von Serien, die sich vor allem in der Höhe unterscheiden. Sehr beliebt ist die Serie Twinkle Star Mixed mit sternförmigen Blütenblättern. Die Fantasy-Serie in klaren Farben duftet angenehm, die Palona-Serie umfasst buschige, kleinwüchsige Sorten. Im Frühling bei 16 °C im Haus oder im Frühsommer im Freien aussäen.

Salvia splendens
Prachtsalbei, Salvie
Höhe: 30–40 cm
Ausbreitung: 15–20 cm
Die Gattung Salbei umfasst viele Arten, doch die als Zierpflanzen verwendeten Formen sind aus *S. splendens* entstanden, die im Sommer aufrechte, leuchtend rote Blütenstände trägt. Sie gehören zu den beliebtesten Sommerblumen und eignen sich sehr gut für die Kübelpflanzung. Zu den Zuchtserien gehören beispielsweise Sizzler mit acht Blütenfarben, darunter Lachs, Pink, Hellgelb, Lavendel, Rot, Violett. 'Firecracker' ist eine Zwergsorte. Daneben gibt es viele weitere Namenssorten. Man sät sie im mittleren Frühling bei 16 °C.

Tropaeolum majus

Schizanthus pinnatus
Spaltblume
Höhe: 20–50 cm
Ausbreitung: 20–30 cm
Die Spaltblume kann im kalten Gewächshaus gezogen und als Zimmerpflanze kultiviert werden. Man kann sie aber auch an einem warmen, geschützten Platz im Freien als Einjährige halten. Außerdem kann sie während des Winters unter Glas ausgesät werden. Die Blütenstände bestehen aus attraktiven, offenen Röhrenblüten in Weiß, Gelb, Rosa, Rot oder Violett, meist mit einer gelben oder gelb-roten Zeichnung in der Mitte. 'Hit Parade' und 'Star Parade' gehören zu den bekanntesten Sorten. Bei 16 °C im Frühling säen, alternativ im Spätsommer säen und die Pflanzen im Winter im Haus zur Blüte bringen.

Sidalcea malviflora
Präriemalve
Höhe: 30–90 cm
Ausbreitung: 10–50 cm
Präriemalven sind Stauden, die wild auf Weideland, in lichten Wäldern und an den Ufern der Flüsse Nord- und Westamerikas vorkommen. Sie gedeihen in fast jedem Boden, sofern er nicht staunass ist, und bevorzugen volle Sonne. Für den Kübelgarten eignen sich vorwiegend die kleineren Sorten 'Loveliness' mit blassrosafarbenen Blüten, 'Puck' mit intensiv pinkfarbenen Blüten oder eine der Spezialzüchtungen für Kübel und Kästen. Die Blüten haben eine offene Schalenform und stehen an langen Stielen über einer Rosette aus grundständigen Blättern.

Tropaeolum majus
Kapuzinerkresse
Höhe: 30 cm
Ausbreitung: 50 cm
Diese beliebte Kletterpflanze gedeiht in fast jedem Boden und kann vom späten Frühling an im Freiland an Ort und Stelle gesät werden. Sie bevorzugt einen sonnigen Standort. Es gibt eine Reihe verschiedener Züchtungen, manche eher buschig wachsend, andere mit langen, rankenden Trieben. Alle tragen Blüten in verschiedenen Gelb- und Orangetönen. Beliebt ist die Whirlybird-Serie sowie die gefüllten Gleam-Mixed-Hybriden.

Verbena × hybrida
Gartenverbene
Höhe: 30 cm
Ausbreitung: 25 cm
Verbenen sind strauchige Stauden, die als Einjährige kultiviert werden. Züchter haben eine Reihe von Serien mit verschiedenen Blütenfarben entwickelt, von dunklem Violett über Blau, Rot, Rosa, Pfirsich und Weiß. Die Blüten erscheinen in Gruppen, die Einzelblüten ähneln Schlüsselblumen. Häufig haben sie eine kräftiger gezeichnete Mitte. Einige Serien wachsen aufrecht, andere haben einen flach-breiten oder hängenden

Wuchs. Letztere eignen sich vor allem für Ampeln. Die Serien Sandy und Romance umfassen aufrechte Sorten. 'Peaches and Cream' und 'Imagination' sind breitwüchsige Sorten.

Viola × wittrockiana
(Garten-)Stiefmütterchen

Höhe: 20–30 cm

Ausbreitung: 20–30 cm

Stiefmütterchen, die im Winter blühen, sind ein Gewinn für jeden Garten. Nach der Pflanzung im Herbst blühen sie mehrere Monate lang fortwährend. Eigentlich sind es winterharte Stauden, doch sollte man sie jedes Jahr durch neue Pflanzen ersetzen. In Kübeln kann man mit ihnen gezielt Farbakzente setzen. In den letzten Jahren wurden zahlreiche Serien gezüchtet, darunter viele zwei- oder mehrfarbige. Es sind jedoch auch einfarbige Sorten erhältlich. Das Farbspektrum reicht von dunklem Violett über Fliedertöne, Blau und Weiß bis zu Gelb- und Orangetönen. Viele haben das typische „Gesicht" aus dunkleren Flecken. Die Serien Fama, Regal und Ultima blühen zuverlässig im Winter. Die Imperial-Serie besticht durch große Blüten, die Accord-Serie hat einen sehr dunklen Fleck in der Mitte.

Zwiebeln und Knollen für die Frühlingsblüte

Chionodoxa luciliae
Schneeglanz

Höhe: 15 cm

Ausbreitung: 5 cm

Der Schneeglanz ist weniger bekannt als andere frühe Zwiebelblüher, dabei handelt es sich um eine sehr attraktive Pflanze. Er hat kleine, sternförmige Blüten aus sechs Blütenblättern, meist in Blau, mit auffälligem, weißem Auge. Die Pflanzen bevorzugen einen sonnigen Platz und säen sich willig selbst aus. Es gibt eine Reihe von Zuchtformen, doch sind die botanischen Bezeichnungen etwas unübersichtlich. Man findet sie beispielsweise unter den Namen *C. gigantea* (blau mit weißem Auge), *C. g.* 'Alba' (weiß), *C. luciliae* (hellblau mit weißem Auge), *C. l.* 'Pink Cloud' (rosa) oder *C. sardensis* (blau).

Chionodoxa luciliae syn. gigantea

Fritillaria meleagris

Crocus chrysanthus
Krokus

Höhe: 5 cm

Ausbreitung: 5 cm

Dies ist der Krokus, der im zeitigen Frühling blüht und für die ersten Farbtupfer im Garten sorgt. Die bekanntesten Arten sind *C. chrysanthus* und *C. tommasinius*. Die Blüten sind meist Gelb, Orange, Hell- bzw. Dunkelviolett oder Weiß. Sie gedeihen problemlos, sofern der Boden nicht zu lehmig ist und sie etwas Sonne bekommen. Es sieht hübsch aus, wenn sich an einem sonnigen Frühlingstag die Blütenkelche weit öffnen, um die Sonnenstrahlen einzufangen.

Cyclamen coum
Gartenalpenveilchen

Höhe: 5 cm

Ausbreitung: 10 cm

Dies ist die winterharte Alpenveilchen-Art, die im Frühling blüht. Im Herbst blüht die Art *C. hederifolium*, die sehr ähnlich aussieht. Beide Arten haben zierliche weiße, rosafarbene, violette oder rote Blüten, die an kurzen Stielen über den Blättern erscheinen und an kleine, kopfüber hängende Schmetterlinge erinnern. Sie bevorzugen einen Boden, der nicht austrocknet, mögen aber auch zu viel Feuchtigkeit nicht. Besonders wohl fühlen sie sich im Schutz von Bäumen oder ausladenden Sträuchern. Im Winter sollten die Blätter mit Mulch vor Frost geschützt werden.

Narcissus
Narzisse, Osterglocke

Höhe: 30–60 cm

Es gibt tausende verschiedener Narzissenarten und -sorten. Beim Blättern im Katalog eines renommierten Händlers bekommt man einen Eindruck von der Vielfalt. Man unterteilt sie in 12 Gruppen. Für den kleinen Kübelgarten eignen sich vor allem die Sorten von *N. cyclamineus* (Gruppe 6), die recht klein bleiben, etwa 'Little Witch' (klargelb), 'Jack Snipe' (weiß mit gelber Mitte), 'Foundling' (gelb mit orangefarbener Mitte) oder 'Jenny' (weiß mit weißer oder hellgelber Mitte). Empfehlenswert sind auch die ebenfalls kleinwüchsigen Jonquillen (Gruppe 7).

Narcissus

Erythronium dens-canis
Hundszahn

Höhe: 10–15 cm

Ausbreitung: 10 cm

Der Hundszahn ist eine zauberhafte Frühlingsblume, die kurz nach den ersten Zwiebelpflanzen blüht. Er braucht einen feuchten, schattigen Standort und einen durchlässigen Boden, der nicht austrocknet. Er wird wegen seines dekorativ gefleckten Laubs geschätzt, aber auch wegen der zierlichen, lang gestielten Blüten mit weit auseinander stehenden, nach hinten geschlagenen Blütenblättern und langen Staubgefäßen. Schöne Sorten sind 'Pink Perfection' (rosa), 'Lilac Wonder' (violett) und 'Snowflake' (weiß mit rosa Zeichnung). Im Handel findet man eine Reihe weiterer Zuchtformen.

Hyacinthus orientalis 'Pink Pearl'

Fritillaria meleagris
Schachbrettblume, Kiebitzblume

Höhe: 30 cm

Ausbreitung: 5–10 cm

Die Schachbrettblume ist ein beliebtes Zwiebelgewächs, das in Wiesen leicht verwildert. Sie eignet sich außerdem sehr gut für den Steingarten, wo man ihre Schönheit aus der Nähe betrachten kann. Sie braucht einen vollsonnigen Standort. *F. meleagris* mit den violett gefleckten Blüten ist recht verbreitet, es gibt aber auch eine weiße Form, *F. m. alba.* Für den Steingarten eignen sich auch einige der höheren Arten wie *F. acmopetala* (grüne, rosafarben überhauchte Glockenblüten) und *F. camschatcensis* (schwarzviolette Blüten mit gelber Mitte).

Hyacinthus orientalis
Hyazinthe

Höhe: 30 cm

Ausbreitung: 10 cm

Hyazinthen sind ausgezeichnete Zwiebelpflanzen für Kübel und Kästen, man kann sie aber früh im Jahr im Haus ziehen oder vortreiben und dann ins Freie stellen. Die intensiv duftenden Blüten stehen an langen, fleischigen Stielen. Man pflanzt sie am besten in Gruppen aus zwei oder drei Farben: Weiß, Flieder und Rosa sind die verbreitetsten und attraktivsten. 'Carnegie' und 'Innocence' sind weiße Sorten. 'Lady Derby' und 'Pink Pearl' blühen rosafarben, 'Blue Jacket' und 'Delft Blue' haben blaue Blüten. Die schweren Blüten knicken leicht ab und sollten gestützt werden. Im Fachhandel bekommt man spezielle Hyazinthenhalter.

Iris reticulata und *I. unguicularis*
Früh blühende Iris

Höhe: 10–15 cm und ca. 5 cm

Ausbreitung: ca. 5 cm und 30–50 cm

Iris reticulata ist eine Knolleniris, *I. unguicularis* (früher I. stylosa) eine Rhizomsorte. Beide blühen früh im Jahr. Fast alle haben attraktive blaue oder violette Blüten mit einer interessanten Zeichnung, lediglich 'Natasha' blüht weiß. *I. danfordiae* hat gelbe Blüten. Weitere reizvolle Sorten sind 'Cantab' (blau mit gelben Streifen) und 'Harmony' (samtig dunkelblau). *I. unguicularis* ist blassblau und hat einen gelben Streifen auf dem hängenden Blatt. Schöne Sorten dieser Art sind 'Mary Barnard' (violett) und 'Walter Butt' (helles Lavendelblau).

Iris reticulata

Muscari armeniacum
Traubenhyazinthe, Perlhyazinthe

Höhe: 20 cm

Ausbreitung: 5 cm

Auf Traubenhyazinthen sollte man nicht verzichten, denn ihre Blüte schließt an die der ersten Frühlingsblumen an. Außerdem sind sie unkompliziert und anspruchslos. Die Blüten sind meist bläulich violett, es gibt aber auch rosastichige und weiße Sorten. Besonders beliebt ist *M. armeniacum*, die intensiv blau blüht. Die Zwiebeln vermehren sich rasch und müssen auf engem Raum eventuell eingedämmt werden.

Tulipa
Tulpe

Höhe: 15–60 cm

Ausbreitung: 5–10 cm

Es gibt sehr viele Tulpensorten in verschiedenen Farben und Größen. Bei der Auswahl ist etwas Sorgfalt nötig, vor allem Farbschema und vorhandener Platz müssen bedacht werden. Tulpen werden in 14 Gruppen unterteilt, die zu etwas unterschiedlichen Zeitpunkten blühen. Sollen alle gewählten Sorten gleichzeitig blühen, müssen sie der gleichen Gruppe angehören. Das Farbspektrum reicht von Gelb über Orange, Rosa und Rot bis zu dunkelstem Violett und Weiß. Ferner gibt es gestreifte, zwei- und mehrfarbige Sorten. Robuste, mittelfrühe Sorten (Gruppe 3, Triumph) sind 'Don Quixote' (rosa), 'Margot Fonteyn' (kardinalsrot mit gelbem Rand), 'Shirley' (weiß mit violettem Rand) und 'Palestrina' (lachsrosa). Zu den gefüllten frühen Tulpen gehören 'Monte Carlo' (grüngelb mit roten Streifen), 'Murillo' (weiß, rosa überhaucht) und 'Peach Blossom' (dunkelrosa).

Zwiebeln und Knollen für Sommer und Herbst

Zwiebelblumen blühen nicht nur im Frühling. Es gibt eine Reihe von schönen Sorten für die Sommer- und Herbstblüte, die sich ausgezeichnet für den Kübelgarten eignen.

Allium
Zierlauch

Höhe: 60 cm–1,50 m

Ausbreitung: 5–15 cm

Viele Zierlauch-Arten blühen im späten Frühling oder im Frühsommer, es gibt aber auch einige, deren Blütezeit in den Spätsommer und Herbst fällt. Die kleineren eignen sich gut als später Farbtupfer für den Steingarten. Zu den schönsten gehört

Tulipa

A. sphaerocephalon, der 60 cm hoch wird und dunkelkarminrote Blüten hat. *A. ostrowskianum* ist mit seinen rosafarbenen Blüten im Hochsommer eine schöne Steingartenpflanze. *A. moly* ist eine weitere niedrige Art mit gelben Blüten.

Alstromeria Ligtu-Hybriden
Inkalilie, Peruanische Lilie

Höhe: 50 cm

Ausbreitung: 80 cm

Inkalilien sind für die Sommerblüte im Kübelgarten sehr beliebt. Weil die Rhizome mindestens 25 cm tief gepflanzt werden sollten, brauchen sie einen entsprechend hohen Kübel. Da sie sich im freien Beet zu stark ausbreiten, sind sie im Kübel jedoch bestens aufgehoben. Sie haben weit offene Trichterblüten in verschiedenen Farben, meist Pfirsich, Orange, Rosa oder Creme. Die Nuancenvielfalt ist groß, darum sind sie eine Bereicherung für eine pastellfarbene Sommerpflanzung. Sie benötigen viel Sonne, zumindest Halbschatten sowie durchlässigen, sauren Boden.

Alstromeria Ligtu hybrids

Anemone coronaria
De Caen-Anemone

Höhe: 30–50 cm

Ausbreitung: 15 cm

Anemonen sind mehrjährige Knollenpflanzen, die am liebsten ungestört an ihrem Platz bleiben. Sie bevorzugen leichten, sandigen Boden und volle Sonne. Sie eignen sich sehr gut als Schnittblumen. *A. blanda* und ihre Sorten blühen im Frühling, man sieht sie häufig in Steingärten. Die Sorten der *A. coronaria* blühen im späten Frühling und Frühsommer. Zu ihnen gehören die Gruppen De Caen (einfache Blüten) und St. Brigid (gefüllte Blüten). Die gängigsten Farben der an Mohn erinnernden Blüten sind Rot, Blau, Violett und Weiß. Die wesentlich höheren japanischen Anemonen blühen im Herbst und passen besser ins Staudenbeet. Sie gehören der Art *A. hupehensis* var. *japonica* an.

Colchicum
Herbstzeitlose, Herbstkrokus

Höhe: 10–20 cm

Ausbreitung: 5–10 cm

Die Herbstzeitlose ist auch als Herbstkrokus bekannt, ist jedoch mit dem Krokus nicht verwandt. Es ist eine Knollenpflanze, deren Blüte noch vor den Blättern erscheint. Meist findet man die Arten *C. agrippinum*, *C. autumnale* und *C. speciosum*. Erwähnenswerte Namenssorten sind *C. s.* 'Album' (große, weiße Blüten), *C.* 'The Giant' (große, rötlich violette Blüten), 'Violet Queen' (rosaviolette Blüten) und 'Glory of Heemstede' (rötlich violette Blüten). *C.* 'Lilac Wonder' hat bis zu 10 cm große Blüten, die etwa 20 cm hoch stehen.

Camassia

Höhe: 80 cm

Ausbreitung: 50 cm

Die Camassia ist eine dekorative Pflanze, die lange, mittelgrüne Blätter und im Sommer aufrechte Blütenstände trägt. Die Blütenfarbe ist meist Blau, jedoch in vielen Schattierungen. 'Zwamenburg' hat dunkelblaue Blüten, 'Semiplena' trägt halbgefüllte, cremeweiße Blüten. Alle bevorzugen nahrhaften, feuchten Boden und Sonne bis Halbschatten. Während der Ruhezeit der Pflanze können die Horste geteilt werden. Im Herbst vermehrt man sie, indem man Tochterzwiebeln abnimmt.

Cardiocrinum giganteum
Riesenlilie

Höhe: 1,50–2 m

Ausbreitung: 50 cm

Die Riesenlilie ist eine außergewöhnliche Pflanze. Sie wird noch höher als die Königslilie und muss, wenn sie im Kübel wächst, unbedingt gestützt werden. An jedem Stiel trägt sie mehrere cremeweiße Trichterblüten, die sehr intensiv duften. Die Knollen werden knapp unterhalb der Oberfläche in nahr-

Colchicum

Galtonia candicans

haftes, feuchtes Substrat gepflanzt. Sie bevorzugt Halbschatten und gedeiht nicht in voller Sonne. Nach der Blüte können Tochterzwiebeln abgenommen werden.

Cyclamen hederifolium × neapolitanum
Herbstalpenveilchen

Höhe: 15 cm

Ausbreitung: 20 cm

Diese Rhizompflanze ist der Herbstblüher unter den winterharten, mehrjährigen Alpenveilchen. Die Blüten erscheinen noch vor den Blättern und haben meist Rosatöne, es gibt aber auch eine weiße Form. Besonders gut gedeiht das Herbstalpenveilchen im trockenen Schatten unter Bäumen. Die Zeichnung der Blätter erinnert an Efeu. Unter guten Bedingungen sät sich die Pflanze schnell aus und bildet große Kolonien.

Galtonia candicans
Galtonie

Höhe: 90 cm–1,20 m

Ausbreitung: 10 cm

Diese Zwiebelpflanze trägt im Spätsommer hohe Blütenstände mit herabhängenden, weißen Einzelblüten. Wegen ihrer Form erinnern die Einzelblüten an übergroße Schneeglöckchen. Die Galtonia bevorzugt nahrhaften, feuchten Boden, der nicht austrocknet, und einen sonnigen Standort. Weil sie etwas frostempfindlich ist, sollte man die Kübel mit den Zwiebeln über den Winter ins Haus holen. Bekannt sind vor allem zwei Arten: *G. candicans* mit weißen Blüten und *G. viridiflora* mit grün überhauchten Blüten. Letztere Art ist von etwas aufrechterem Wuchs als die erste.

Lilium
Lilie

Höhe: 90 cm–1,50 m

Ausbreitung: 25 cm

Die große Gattung der Lilien ist in 9 Hauptgruppen und 11 Untergruppen gegliedert. Alle eignen sich gut für die Kübelpflanzung. Ein Kübel mit mehreren Lilien einer Art kann ein großartiger Blickfang sein. Alle hohen Lilien sollten gestützt werden. Einige haben einen wunderbaren Duft. Zu den besten gehören *L. regale*, die Königslilie, *L. candidum*, die Madonnenlilie, *L.* 'Casa Blanca' (weiß), *L.* 'Citronella'(gelb) und *L. martagon*, die Türkenbundlilie (violett).

Lilium 'Sunray'

Nerine bowdenii
Guernsey-Lilie

Höhe: 35 cm

Ausbreitung: ca. 10 cm

Die Nerine galt früher als sehr empfindlich und wurde nur im Gewächshaus kultiviert. Sie ist jedoch in milden Regionen durchaus winterhart, sofern sie vor eine geschützte Süd- oder Südwestwand gepflanzt wird. Die attraktiven rosafarbenen Trompetenblüten erscheinen in Gruppen im Frühherbst und halten ungewöhnlich lange. Die Form *alba* trägt weiße Blüten mit einem Hauch Rosa, 'Mark Fenwick' hat pinkfarbene Blüten auf dunklen Stielen. Nach der Pflanzung sollte man sie nicht mehr stören. Sie blühen am besten, wenn das Wurzelwerk den Topf ausfüllt.

Sparaxis
Fransenschwertel

Höhe: 10–25 cm

Ausbreitung: ca. 10 cm

Diese ausdauernde Pflanze kommt aus Südafrika. Es gibt 6 Arten, meist werden sie aber gemeinsam als Mischung verkauft. Alle tragen ab dem Hochsommer hübsche Blüten in Weiß oder Rot- und Rosatönen, stets mit einem klar umgrenzten Ring an der Basis der Blütenblätter und einem gelben Schlund. Eine Schale voll mit diesen Blumen ist eine hübsche Tischdekoration. Sie brauchen volle Sonne und gedeihen in gemäßigten Klimazonen nur in ausgesprochen milden Regionen.

Sprekelia formosissima
Jakobslilie

Höhe: 15–35 cm

Ausbreitung: 15 cm

Diese Lilie, von der keine Zuchtformen und Varianten bekannt sind, wird in gemäßigten Regionen als Zimmerpflanze gehalten, gedeiht aber auch im Freien, sofern die Temperatur nicht unter 7 °C fällt. Sie hat auffallende, rote Blüten, die aussehen, als würden sie die Zunge herausstrecken. Als Zimmerpflanze braucht sie viel Licht und muss während des Wachstums reichlich gegossen und gedüngt werden. Sie blüht im späten Frühling oder im Frühsommer. Während der Ruhezeit trocken halten.

Tigridia pavonia
Tigerblume

Höhe: 40 cm

Ausbreitung: 10 cm

Eine weitere ungewöhnliche Sommerblume aus Mexiko und Guatemala, wo sie wild in trockenen, sandigen Grasgebieten und gelegentlich zwischen Steinen wächst. In gemäßigten Regionen sollte man sie entweder als Kübelpflanze halten und im Haus überwintern oder in milden Lagen in ein sonniges Beet pflanzen, im Herbst ausgraben und ins Haus holen. Sie eignet sich auch als Ganzjahreskübelpflanze für den Wintergarten oder das kühle Gewächshaus. Das Substrat sollte sandig, durchlässig und nahrhaft sein. *T. pavonia* ist eine Knollenpflanze mit lanzettartigen Blättern. Die Blüten bestehen aus drei großen Außenpetalen in Weiß, Orange, Rosa oder Rot sowie kleineren Innenpetalen, die häufig eine kontrastierende Zeichnung in leuchtendem Gelb und mit roten Flecken zeigen. Man sät sie im Frühling bei 13–18 °C. Während der Ruhezeit können Tochterzwiebeln abgenommen werden. Pflanzen mit Virusbefall sollte man nicht vermehren.

Nerine bowdenii

Sparaxis Mixed Varieties

Tigridia pavonia

Register

BILDNACHWEIS
Liz Eddison; Designer: David Brunn 15; Designer: Butler Landscapes, Chelsea 2000 20, 26; Designer: Alan Gardner 23; Designer: Lindsay Knight 21; Designer: Neil Holmes 54, 64ul, uM, 69ul, 73ul, or, 74ul, ur, 75ul, uM, 76ur, 77ul, 78ul, 79ul, ur, 80ul, 81ul, or, 83ul, 86ur, 88uM, 90ul, 91ul, 92ol, 93ul; Harry Smith Collection: 66, 29or, 70ul, uM, 71uM, ur, 72ur, 82ul, 84ol, 85ur, 93uM, ur. Designer: Wynniatt-Husey Clarke, Hampton Court 2000; Illustrator: Ann Winterbottom Cover hinten.